팽목일기

팽목일기
전 세월호 대변인이 들려주는 4월의 이야기

초판 1쇄 발행 2024년 12월 6일

지은이 고명석
펴낸이 장길수
펴낸곳 지식과감성#
출판등록 제2012-000081호

교정 이주연
디자인 서혜인
편집 서혜인
검수 주경민, 이현
마케팅 김윤길, 정은혜

주소 서울시 금천구 벚꽃로298 대륭포스트타워6차 1212호
전화 070-4651-3730~4
팩스 070-4325-7006
이메일 ksbookup@naver.com
홈페이지 www.knsbookup.com

ISBN 979-11-392-2267-8(03300)
값 19,000원

- 이 책의 판권은 지은이에게 있습니다.
- 이 책 내용의 전부 또는 일부를 재사용하려면 반드시 지은이의 서면 동의를 받아야 합니다.
- 잘못된 책은 구입하신 곳에서 바꾸어 드립니다.

지식과감성#
홈페이지 바로가기

전 세월호 대변인이 들려주는
4월의 이야기

팽목일기

고명석 지음

**팽목의 시간은 끝나지 않았다.
그때를 들추어 다시 들여다보고, 간직해야 한다.**

자실과감정

목차

- 추천사 6
- 격려의 말씀 8
- 프롤로그 10

1부 세월호, 그 아픔의 장소로

1. 팽목 가는 길 16
2. 그날 아침 23
3. 여기는 중대본 상황실 30
4. 숙박 전쟁 37
5. 진도의 봄 45

2부 블랙 스완이 나타나다

6. 밤바다를 떠난 괴물, 세월호 52
7. 블랙 스완이 나타나다 60
8. 구조의 골든 타임 69
9. 애타는 심정, 갖가지 구조 방법 79
10. 세월호 대변인이 되다 87
11. 3일 만에 쓰러지다 96
12. 현장은 언론 전쟁터 102
13. 희망 고문, 에어포켓 110
14. 해경에 쏟아지는 비난 117

3부 길고 잔인했던 그해 봄

15. 세월호 내부 구조를 공부하다 126
16. 세월호 수중 선체 수색 132
17. 민간 잠수사 투입 논란 141
18. 수난 구조마저 민영화하다 149
19. 장비만 모르는 장비기술국장 157
20. 그놈의 손모가지를 잘라라 164
21. 다이빙 벨 투입 소동 171
22. 잠수 바지선 생활 177
23. 고심 끝에 해체된 해경 185
24. 팽목 풍경 192
25. 희생자 유실 방지 임무를 맡다 200

4부 두 번째 인연

26. 두 번째 인연 210
27. 또 다른 시작, 세월호 인양 216
28. 뭍에서 세월호를 수색하다 224
29. 목포신항의 달빛 233
30. 그 이후 240

⋯ 에필로그: 미래의 바다 안전에 관하여 244
　　[하나] 구조에서 사실과 바람에 관하여 244
　　[둘] 해양 구조 시스템에 관하여 249
⋯ 부록: '세월호 참사 이후 보도'를 통해 본 재난 관련 보도의 현재 253

추천사

나침반 바늘이 계속 흔들리는 것은 정확한 방향을 가리키려는 안간힘 때문입니다.

"사랑하는 사람들을 더 이상 볼 수 없다면 그 슬픔과 고통은 차라리 미쳐 버리는 것이 낫다. 그러나 절망이 있는 바로 그 자리에 희망이 숨어 있다."

세월호 상황이 일어났을 때 제가 개인 SNS에 올린 글의 내용입니다.

저자와는 우리나라 육·해상·공중 재난을 총괄적으로 관리하는 부처에서 장관과 대변인으로 만났습니다.

이 책을 읽으며 현장을 함께한 저자의 진지한 눈과 고뇌 그리고 아픔을 보았습니다. 당시 온 국민은 트라우마와 큰 어려움을 겪었습니다. 그리고 10년이 흘렀습니다.

저자는 책에서 세월호 대변인으로 직접 겪었던 일을 담담하게 정리했습니다. 아마 당시의 시간을 되돌아보고 바다와 현장의 현실적인 이야기를 담고 싶었나 봅니다.

사람들은 어려움과 고통을 잊고 싶어 합니다.

그러나 나무에는 결이 있고 세상에서 벌어지는 일들에도 역시 결이 있습니다. 결을 아는 사람만이 대들보를 만들 수 있습니다.

그래서 더욱 그때를 다시 들여다보고, 분석하고, 반성하고, 기록을 남겨야 합니다.

'안전 수칙은 영원히 완성되지 않는다'라는 것을 결코 잊어서는 안 됩니다.

2024. 11. 전 국민안전처 장관 / 해군 대장 박인용

격려의 말씀

 이 글은 세월호 사고 시 범정부 사고대책본부의 대변인 역할을 하면서 현장에 있었던 고명석 교수의 생생한 체험담을 담은 글이다.

 대변인이 구조 작업에 직접 참여한 것은 아니지만 매일매일 중요한 일과가 보고되어 그의 입을 통하여 외부로 공표되었다. 누구보다도 내용을 정확하고 상세하게 안다고 보아야 한다.

 필자는 세월호가 전복되고 침몰되어 구조 작업이 있었던 시기와 몇 년이 지나서 인양 작업을 할 때를 구별하여 기술한다.

 많은 학생을 포함하여 300명 이상이 사망·실종된 사고에서 당시 구조 작업을 지휘했던 해양경찰의 수뇌부로서 고뇌와 번민이 담긴 글이다. 그러나 당시에 느꼈던 감정을 가능한 한 많이 절제된 언어로 표현하고 있다. 세월호가 전복된 정확한 원인을 소상히 설명하고 있다. 복원성이 부족하게 된 과정을 잘 설명하고 있다. 인양 과정에 대한 설명도 잘 나와 있다.

 사고 재발을 위한 복원성 갖추기와 실행 방법 그리고 대형 사고 시 인명 구조를 위한 해경의 준비 등을 이 책에서 구하기는 어려울 것이다. 필자의 전문성의 범위를 넘어서고 그의 담당이 아니기 때문이다. 이와 관련된 책이 출간되어 본서와 세트로 읽히면 좋겠다.

필자는 세월호의 아픔을 딛고 우리가 가야 할 길을 분명히 제시하고 있다. "아프다고 외면하거나 기억하기 싫다고 잊어서는 안 된다. 모든 걸 포용하며 영원히 존재하는 바다처럼 이어 가야 한다. 그리고 바다의 미래를 이야기해야 한다. 그게 세월호가 우리에게 남긴 교훈이다."라고 말한다.

아픔을 딛고 매일매일 일지를 정리하며 세월호 사고 뒤처리를 책으로 남긴 필자의 노력에 감사한다. 다시는 이런 인명 사고가 발생하지 않아야 한다.

필자는 25년간의 해양경찰 공직 생활을 마치고 수·해양계의 대학에 교수로 재직 중이다. 선박 안전과 구조에 대한 학문적 깊이를 더하기를 바란다.

2024. 11. 고려대학교 법학전문대학원 명예교수 / 선장 김인현

프롤로그

10년이 지나 이 이야기를 쓰게 되었다. 오랜 망설임이었다.

바다가 있었다. 깊은 곳에서 들끓고 있었다. 흐린 물속에 절망이 있었다. 그 속에 삶과 죽음을 품고 있었다. 하지만 그 바다는 잔잔했다. 그 바다는 침묵했다.

사람들이 있었다. 눈동자는 흔들렸고, 손끝은 떨렸다. 아랫배에서 올라온 한숨이 터지질 못했다. 서로를 바라볼 뿐 말이 없었다. 바다와 사람들은 하나가 되었다. 휘감아 도는 물결이 되었다. 하나의 외침이었고, 절규였다.

그날 그 바다에서 일들은 잊을 수도, 잊히지도 않는 기억이다. 그곳에서 보냈던 그 봄을 다시 들여다본다. 팽목의 시간을 들여다본다. 시간이 멈추고 아픔이 넘쳐 나던 순간들. 서로를 부여잡고 어쩔 줄 몰라 했던 순간들. 어깨 위로 드리워진 어두운 그림자. 차라리 꿈이라면 좋았을 것이었다. 잠에서 깨어 그저 악몽의 그림자를 털어 버리고 길을 걸어가면 될 것을….

세월호 사고와 나와의 인연은 몇 년간 이어졌다.

2014년 4월. 나는 현장에서 범정부 사고대책본부 대변인을 했었다. 숨 가쁘게 벌어지는 구조 상황을 파악하고 공식적으로 전달해야 했다. 희생자 가족, 일반 국민, 언론의 수많은 의문에 답해야 하는 직책이었다. 비통과 절망으로 가득한 팽목에서 객관적이고 사실적이어야 했다. 그렇게 희생자 구조와 수습 상황을 두 달 넘게 브리핑했었다. 팽목항과 진도군청이 집이었고 회사였다.

2014년 11월. 세월호 사고 후속으로 신설된 국민안전처에 대변인을 했었다. 국민안전처는 육상과 해상의 재난을 책임진 부처였다. 세월호 사고의 연속선상이었다.

2017년 4월. 세월호가 뭍에 올라왔을 때도 거기에 있었다. 서해지방해양경비안전본부장 직책이었다. 긴 인연이 이어졌다. 목포신항에 거치된 세월호 선체 수색을 총괄해야 하는 직책이었다. 뼛조각 하나에도 온 국민의 이목이 집중되던 때였다. 세월호 인양에서 육상 수색까지 수개월을 가까이서 지켜보고 함께했다.

긴 시간이 지나 그때 일들을 정리해 보고자 한다. 이 글은 세월호 사고 원인이나 진상 규명에 관한 것이 아니다. 지난 일에 대한 변명이나 회한도 아니다. 다만, 많은 사람에게 당연하게 여겨졌던 것들에 대해 다시 생각해 보고 싶었다. 이를 통해 바다는 있는 그대로, 현실 그대로 받아들여야 한다는 것을 보여 주고 싶었다.

당시 우리는 현실과 바람을 구분하지 못했다. 아니 구분하지 않았다. 그때처럼 바람과 희망만이 화두가 되고, 당위성만이 주제가 되어서는 안 되기에. 앞으로는 사람이 어쩔 수 없는 바다를 바다로 받아들이고, 사람이 할 수 있는 일에 최선을 다할 수 있기를….

팽목의 시간은 끝나지 않았다.

그때를 들추어 다시 들여다보고, 분석하고, 반성하고, 간직해야 한다. 그것이 아픔과 불편함을 동반한다 할지라도 그래야 한다. 앞으로 또 다른 세월호를 만들지 않기 위해서라도, 같은 실수를 되풀이하지 않기 위해서라도.

2024. 11. 저자 고명석

1부

세월호, 그 아픔의 장소로

1부를 들어가며

《팽목일기》 1부는 사고 직후 팽목에 가기까지의 이야기이다.

2014년 4월 16일. 그날의 첫 기억들이 담겨 있다. 사고 소식을 접하고 목포로, 해남으로, 팽목으로 달려갔던 여정이 그려져 있다. 떨리고 황망했던 시간이 담겨 있다.

나는 2017년 세월호 인양 이후에도 그곳에 몇 번 갔었다.
남도의 풍경은 언제나 아름다웠다. 출렁이는 바다며, 너른 들판이며, 우뚝 솟은 바위산도…. 하지만 그 속에 배어 있는 아픔은 시간이 지나도 어쩔 수 없었다. 사라지거나 슬어지지 않았다.
최근에 다녀왔던 여정으로 나의 이야기를 시작하려 한다.

1.
팽목 가는 길

해남 들판을 지나, 우수영으로

자동차는 서쪽으로, 서쪽으로 달렸다.

남해 고속 도로를 따라 한참을 달리던 차는 내비게이션이 가리키는 신호에 따라 강진IC를 빠져나갔다. 강진 땅부터는 눈에 익숙한 풍경이었다. 남도의 들녘이 반가웠다. 강진읍을 우회하면 해남 땅이었다.

'해남, 완도, 진도' 글씨가 적힌 표지판을 따라 남쪽으로 달리기 시작했다. 평평한 들판과 나지막한 능선이 끝없이 펼쳐졌다. 너른 해남 들녘은 붉은 노을이 넓게 퍼져 물들어 가고 있었다.

"복 받은 땅이구나!"

입에서 저절로 튀어나온 말이었다.

40여 분을 달리니, '우수영', '명량', '울돌목', '진도'가 적힌 표지판이 눈에 들어오기 시작했다. 도로 표지판에 팽목을 가리키는 용어는 다양했다. 해남 벌판을 통과하는 동안은 대부분 '팽목'이었다. '진도항'보다는 '팽목항'에 익숙해 있는 외지 사람을 위한 배려인 듯 보였다. 진도에 가까워지면서 '진도(팽목)', '진도항', '진도항 여객터미널'로 바뀌고 있었다.

눈앞에 진도대교와 전라우수영이 나타났다. 전라우수영은 조선 시대에 왜구를 물리치기 위해 설치했던 군영이다. 왜구 출몰이 극심한 전라도와 경상도에 수군절도사가 상주하는 진(鎭)을 두 곳씩 설치하였다. 각 도의 우측 편을 전담하는 진을 우수영, 좌측 편을 전담하는 진을 좌수영이라 하였다. 해남 전라우수영은 전라도 우편을 담당하는 진이었다. 이곳은 조선 중기인 1465년 이후 존속하다가, 1907년 군대 해산령에 의하여 폐영되었다.

조선의 정취가 어린 우수영 앞에서 우측으로 차를 돌렸다. 작은 샛길로 접어들었다. 길을 따라 몇백 미터를 들어가자, 한적한 찻집과 모텔 건물이 나타났다. 모텔은 낡은 외벽이 군데군데 부서져 있었다. 마당에는 아무렇게나 심겨 있는 꽃들이 바람에 흔들리고 있었다.

한적한 시골 모텔. 건물 앞에 높이 솟은 파초가 그나마 남녘의 정취를 풍기고 있었다. 고개를 들어 작고 낡은 간판을 올려다보았다. 햇볕과 바람에 부풀어 오른 아크릴 글씨는 금방이라도 떨어져 나갈 듯 위태로웠다.

'우수영 비취 모텔'

그래, 이곳이었지!

그때는 모텔 이름조차 기억하지 못할 정도로 시간을 보냈던 곳. 늦은 밤 또는 이른 새벽에 지친 몸을 누일 수 있었던 곳. 현장의 모든 혼란을 잊고 잠시나마 꿈속에 빠질 수 있었던 곳. 늦은 밤 허망한 발걸음으로 들어설 때면 어둠조차 포근했던 곳. 여기서 그렇게 한 달 가까이 기거했었다.

모텔을 빠져나와 큰 도로로 접어들자 진도대교가 눈앞에 우뚝 섰다. 해남과 진도를 잇는 케이블카가 바다 위에 새로 생겼다. 케이블카 캐빈들이 줄에 매달린 채 자동차와 나란히 바다 위를 움직이고 있었다. 다리 아래는 울돌목으로 바다가 소리 내어 운다는 명량이었다. 하늘의 느릿한 평온함과 그 아래 거칠게 흐르는 물살이 다른 세계처럼 보였다.

다리를 건너 진도읍이 시작되는 입구에 이르렀다. 도로 오른편으로 진도고등학교 건물이, 왼편으로 진도실내체육관이 보였다. 모든 것이 그때 그대로였다. 잠시 후 멀리 철마산이 보이고 그 아래 진도군청 청사가 어렴풋이 눈에 들어왔다. 당시 범정부 사고대책본부가 있었던 곳이며 두 달 넘게 세월호 사고 상황을 전하던 곳이었다.

진도 읍내를 오른쪽으로 끼고 계속 달렸다. 너른 진도 벌판엔 누렇게 벼가 익어 고개를 숙이고 있었다. 벼 이삭이 누렇게 익은 논, 그 사이사이 끼어 있는 진녹의 대파밭과 배추밭이 묘한 조화를 이루고 있었다. 그 뒤로 주황으로 물들어 가는 석양은 이채롭기까지 하였다.
그때도 많이 오갔던 길이었다. 10년 가까이 지났어도 익숙했다. 이 고개를 지나면 이 마을, 저 산자락을 돌면 저 들판….

▲ 멀리서 바라본 팽목항 전경(당시 모습)

팽목항에서

그렇게 달려 팽목항에 도착했다.

사람들은 그곳을 지금도 '팽목항'으로 기억하고 있다. '팽목(彭木)'이라는 항구 이름은 나무에서 유래되었다. 이곳은 오래전부터 인근 섬으로 가는 여객선의 전진 기지였고, 섬 주민이나 관광객의 주요 거점이었다.

팽목항 개발이 본격화되면서 진도군은 타지인에게 낯선 이름인 '팽목항'을 '진도항'로 바꿨었다. 이때부터 팽목항의 공식 명칭은 '진도항'이 됐다. 그 이후 이름이 '진도항'에서 다시 '팽목항'으로 돌아간 것은 그 사고 때문이었다.

2014년 4월 16일. 누구나 기억하는 그 사고….

온 국민의 눈과 귀가 팽목항에 쏠렸다. 초기에 구조된 승객들은 진도항으로 후송된 후 진도군실내체육관으로 이송되었다. 당시 현지 공무원이나 진도 주민은 그곳을 이전부터 익숙해진 '팽목항'이라 불렀다. 외지에서 모여든 사람들과 언론도 이를 따라 '팽목항'으로 불렀고, 그 이름이 방송을 타고 전국에 알려졌다.

진도군이 뒤늦게 공식 명칭이었던 '진도항'으로 바로잡으려 했지만, 이미 많은 사람들에게 '팽목항'으로 각인되어 버렸다. 슬픔의 공간에 공식 명칭 따위는 중요하지 않았다. 이후 팽목항은 세월호의 아픔을 상징하는 대명사가 됐다. '팽목항'이라는 명칭이 해남이나 목포쯤에서 더 자주 보였던 이유를 비로소 알 수 있었다.

을씨년스러운 가을바람이 한 줌 흙먼지를 날리고 지나갔다. 자동차가 팽목항이 내려다보이는 언덕을 서서히 내려가기 시작했다. 길 오른쪽으로 커다란 주차장이 보였고, 이를 지나치자 바다 쪽으로 컨테이너 몇 개와 소형차 주차장이 있었다. 좀 더 지나자 도로 옆에 '세월호 팽목 기억관'이라는 팻말이 보였다. 기억관은 부두 주차장 부지 한쪽에 컨테이너를 개조하여 임시로 마련되어 있었다. 정면 벽에는 '0416 팽목 기억관', 왼편 벽으로는 '세월호 팽목 기억관'이란 글자가 선명했다.

▲ 세월호 팽목기억관 전경

문을 열고 안으로 들어섰다. 정면 벽에는 세월호 희생자 사진이 빼곡히 붙어 있었다. 그 주위로 다양한 글귀가 쓰인 리본이며, 인형이며, 사진이며, 장식품이 자리하고 있었다. 나는 찬찬히 벽면에 붙은 사진을 들여다보았다. 장난기가 깃든 표정의 아이도 있고, 여드름투성이 더벅머리도 있었다. 앳되고 귀여운 아이들이었다. 아래쪽으로 어른들 사진도 있었다.

그때는 이렇게까지 자세히 보지 못했었다. 10년이 지나서 그때 그 자리에서 아이들의 미소를 들여다보았다. 이제는 먼 곳의 별이 되었을 아이들. 지금 눈부신 청년으로 자랐을 수도 있었던 아이들. 아이들의 눈동자를 보며 명복을 빌어 주었다.

문을 열고 밖으로 나왔다. 바다 쪽으로 걸어갔다. 기억관 옆으로 3~4층 높이의 진도항연안여객터미널이 우뚝 자리를 잡았다. 전에는 보지 못했던 건물이었다. 관머도, 조도, 대마도 등으로 떠나는 여객선 선착장이었다. 그때는 자갈이 깔린 너른 선착장만 있었는데, 그 위에 거대한 터미널 건물이 들어섰다. 정면에 붙은 공식 명칭은 '진도항연안여객터미널'이었다.

'팽목항'이 사람들 뇌리에 기억되어 있지만, 공식 명칭인 '진도항'을 안 쓸 수는 없었다. 지금도 그대의 기억처럼 명칭도 혼란스럽고 엉거주춤한 채였다. 진도로 들어오는 해남 쪽 길목에는 '팽목항'으로, 진도대교를 건너서는 '진도항'으로 표지판에 쓰고 있었다. 행정적 처리와 사람들 기억 사이에서 사람들의 인식이 이겨 버린 꼴이었다.

1부 세월호, 그 아픔의 장소로

노란 리본, 그리고 바다

　터미널 건물을 지나쳐 팽목 방파제로 향했다. 방파제를 따라 희생자를 기억하는 조형물이나 그림 타일이 줄지어 붙어 있었다. 방파제 너머로 그때나 지금이나 검푸른 파도가 출렁거렸다. 먼 곳을 보니 섬들 사이로 여객선이 지나가고 있었다. 그날 그 바다, 그곳으로 시선을 돌렸다. 섬들로 가려져 잘 보이지 않았지만, 그 너머에 맹골 바다가 있을 것이다.

　천천히 방파제 끝 빨간 등대를 향해 걸어갔다. 가을 끝자락 바닷바람이 제법 차가웠다. 방파제를 따라 이어지는 타일 그림을 바라보며 걸었다. 방파제 난간 너머에 파도가 일었다. 흰색 포말을 일으키며 부딪혀 다가왔다. 점점 파도가 높아지고 있었다.

　파도 소리 사이로 사람들 웅성거림이 들렸다. 배가 흔들리고 있었다. 사람들 아우성도 커져 갔다. 나는 눈을 뜨려 했지만, 더욱 캄캄해졌다. 머릿속이 혼란스러워졌다. 현기증이 나기 시작했다. 파도가 덮쳐 왔다. 바다가 끓고 있었다. 웅성거리는 사람들의 황망한 눈빛이 보였다. 흐느낌도 들려왔다. 노란 리본들이 심하게 펄럭였다. 나의 기억은 그날로 돌아가고 있었다.

　우리 모두가 기억하는 바로 그날로….

2.
그날 아침

종합상황실

그때가 8시가 지난 아침 시간이었다.

2014년 4월 16일, 인천 송도에 있는 해양경찰청 청사. 차장실에서 아침 회의가 있었다. 나는 회의를 마치고 회의실을 빠져나왔다. 우연히 본 TV 화면 속에는 큰 배가 기울어 가고 있었다. 그 바다, 그 배였다. 처음에 나는 어떤 상황인지 몰랐다.

사무실로 돌아와 일과를 준비했다. 잠깐의 시간이 지나자 종합상황실에서 전화가 걸려 왔다. 지휘부를 소집하는 전화였다. 지휘부를 갑자기 소집하는 경우는 흔치 않았다. 특히, 지휘부를 청장실이나 회의실로 소집하지 않고, 종합상황실로 소집하는 것은 뭔가 일이 벌어졌다는 징조였다.

서둘러 종합상황실로 올라갔다. 종합상황실은 청사 6층에 있었다. 층 전체에 단독으로 설치되어 있기도 했고, 제한 구역이기도 해서 평소

▲ 인천 송도신도시 해양경찰청 청사

　인적이 많지 않은 곳이었다. 하지만 그날은 아니었다. 상황실 밖 복도를 바쁘게 오가는 직원들로 북적거렸다. 종합상황실과 잇대어 지휘통제실이 설치되어 있었다. 그곳은 지휘부가 현재 벌어지는 상황을 보고받고 결정을 내리고 결정된 사안을 지휘하는 장소였다. 지휘통제실에 해경 지휘부가 전부 모였다. 이런 경우 해양경찰청 국장단은 물론이고, 진행 중인 상황과 관련된 주요 과장, 계장도 소집되었다.

　나는 장비기술국장 직책을 맡고 있었다. 사고 상황과 직접 연관된 직책은 아니었지만, 지휘부는 전원 참여하는 게 관례였다. 모두가 상황을 공유하고 대안을 제시하는 게 이런 회의의 특징이었다. 곧이어 상황보고서가 뿌려졌다. 보고서를 뿌리는 직원은 굳은 표정으로 다급하게 손을 놀렸다. 종합상황실 측 보고가 이어졌다.

잠시 전 TV 화면 속에 등장했던 그 배에 관한 거였다.

"현재 여객선이 병풍도 앞바다에 기울어진 채 떠 있습니다."
"배는 어젯밤 인천을 떠나 제주로 향하던 중이었습니다."
"정확한 승선 인원은 현재 파악 중에 있습니다."
"현지 기상 상태는 좋은 편이고, 파도는 높지 않습니다."

육하원칙에 따라 짧은 상황 보고가 끝났다. 그 내용은 상황보고서에 적힌 대로였다. 아직 정확한 상황을 파악하지 못한 상태였다. 당장은 현장에서 올라오는 상황 보고가 전부였다. 서해지방해양경찰청 상황실이나 목포해양경찰서 상황실에서 올라오는 보고는 제한적인 내용이었다. 브리핑에 이어 상황 판단을 위한 질문이 이어졌다.

"배는 몇 톤이며 몇 명이 승선했습니까?"
"현재 기울어진 상태가 몇 도 정도 됩니까?"
"초동 조치에 필요한 상황전파와 인근 구조 세력 출동은 이루어졌습니까?"

수색 구조를 위해서는 알아야 할 것이 너무 많았다. 하지만 사고 현장 상황에 대한 정보가 없는 경우 막막하였다. 아직 그 배에 대한 정확한 상황을 몰랐으며 특히, 몇 명이 승선하고 있는지에 대한 정보가 없었다.
보통 큰 배가 기울어지는 데는 많은 시간이 걸렸다. 그처럼 큰 배는 심하게 기울거나 침몰하더라도 오랜 시간이 걸릴 것이었다. 그 시간에 선내 상황을 파악하고 필요한 조치를 할 수 있었다. '일반적'으로는 그랬다. 그런데 그날은 '일반적'이지 않았다. 그날 상황은 전혀 다른 방향으로 흘러가고 있었다.

규격화된 도로 위에서 달리는 자동차나 기차는 비슷한 유형의 사고가 있을 수 있었다. 유사한 사고에 대비하여 도로를 개선하면 사고를 줄일 수도 있었다. 하지만 바다는 달랐다. 해양 사고는 하나하나가 독특하고 개별적이었다. 모든 사례는 진행되는 상황이 다르며, 바다에서 동일한 사고란 없었다.

사고 당시 기상, 조류, 파도, 바람, 배 상태, 배 속도, 운항자 숙련도, 화물 상태, 바닷속 지형 등등 이 모든 것이 변수였다. 많은 변수는 물리 법칙에 따라 상호 작용하면서 선박 운항이 이루어졌다. 이 변수가 서로 얽히면서 순조로운 항해가 이루어지기도 하고, 갑자기 기울어지기도 했다. 그래서 바다와 관련해서 '일반적'이라는 말이 적용될 여지가 별로 없었다. '그때그때' 달랐다. 그날 종합상황실이 그랬다.

▲ 해양경찰청 청사 간판

침몰하는 배

급히 할 수 있는 초동 조치를 취하였다.

빠르게 상황을 보고하고 전파했다. 구조를 위해 인근 함정을 출동시켰고, 민간 선박에도 지원을 요청했다. 해군이나 해양 관련 기관에도 전파했다. 모든 상황실 전화벨이 악을 쓰듯 울려 댔다. 상황실은 현장 상황을 보고받고 필요한 곳에 전파하느라 시장통 같았다.

처음에는 현장 상황이 심각하다는 것을 실감하지 못했다. 기상이 좋은 상황이었으므로 최악의 경우라도 탑승객을 구할 시간이 있을 거라 판단한 것이었다. 하지만 그게 가능하지 않다는 것을 깨닫는 데는 오랜 시간이 걸리지 않았다.

사람들이 웅성거렸다. 불안한 눈빛이 오갔다. 보고서를 쥔 손은 떨리고 있었다. 계속 올라오는 상황보고서나 뉴스 속보는 절망적으로 변해 가고 있었다. 지휘통제실 분위기도 굳어 갔다.

시간이 필요했지만, 바다는 시간을 내어주지 않았다. 출동 중인 모든 함정에 구조 지시를 내렸지만, 사고 해역까지 가는 데 시간이 걸렸다. 긴급 출동시킨 구조대도 시간이 걸리기는 마찬가지였다. 구조 장비를 갖추고 헬기로 또는 육상으로 이동하는 것이 급한 마음처럼 신속하게 할 수 있는 게 아니었다. 사고 현장은 팽목항에서 뱃길로만 한 시간 가까이 걸리는 곳이었다. 해양 사고가 어려운 점은 현장까지 가는 것부터 많은 시간이 걸린다는 것이었다. 사고 해역까지 가 보지도 못한 채 고귀한 생명을 잃는 경우가 허다했다.

배가 침몰하고 있다는 상황 보고가 올라왔다. 혹시나 했던 희망도 함께 가라앉고 있었다. 상황실에서 구조 지시를 한다고 해서 현장에서 그대로 되는 것은 아니었다. 사람들 표정이 점점 흑빛으로 변해 갔다. 시간은 빠르게 흐르고 있었다.

얼마나 시간이 흘렀을까?
이주영 해양수산부 장관이 지휘통제실 문을 열고 들어섰다. 상황을 보고받고, 정확한 사실을 파악하기 위하여 직접 온 것이었다. 이주영 장관은 걱정과 불안이 어른거리는 눈빛으로 보고를 받았다. 배 안에 있는 사람들이 어떻게 되었는지부터 물었다. 상황 보고가 이어졌다. 혼란과 불안의 시간으로 빨려들어 가고 있었다.

모두가 팽목으로 떠나고

정확한 시간을 알 수 없었다.
긴장된 공간에서 긴박한 회의는 시간의 흐름을 알 수 없게 만들었다. 몇십 분이 지났다. 김석균 청장이 어디선가 걸려 오는 여러 통의 전화를 받았다. 그리고 급히 팽목 현장으로 출발하였다. 현장에 가서 사고 수습을 할 것이라는 결정이 내려졌다. 이후 해경 지휘부는 통째로 팽목 현장으로 옮겨 가기 시작하였다. 경비안전국장, 정보수사국장, 기획조정관, 국제협력관, 해양오염방제국장 등 국장단은 물론 관련 과장급, 계장급도 이동하였다.

그날 오후. 모두 떠난 공간에 혼자 남았다. 내가 홀로 해양경찰청에 남은 것은 다음 날 있을 중앙재난안전대책본부 회의에 참석하기 위해서였다. 사람들은 중앙재난안전대책본부를 줄여서 '중대본'이라 불렀다. 범정부 차원에서 질병, 홍수, 지진 등 각종 재난·재해 사고를 처리하고 대책을 마련하는 역할을 하였다.

중대본은 정부서울청사 행정안전부 안에 있었고, 여러 부처 인원으로 구성되었다. 본부장은 행정안전부 장관이 맡지만, 중요한 사안에 있으면 국무총리가 회의를 주재했다. 해경 종합상황실은 주요 해양 사고를 중대본에 보고해야 했고, 그곳으로부터 지휘를 받는 체계였다.

당시 나는 해경 장비기술국장 직책에 있었다. 중앙 부처 국장급 직책으로서는 이름도 생소한 곳이었다. 이 직책의 임무는 해양경찰 현장에서 사용하는 함정이나 항공기 등 장비를 도입하고 유지·관리하는 것이었다. 그러니 상대적으로 상황 처리나 사고 대응과 직접 관련성이 적었다. 내가 중대본 회의에 가게 된 것은 다른 국장들은 신속히 팽목 현장에 내려가 사고 수습을 해야 했기 때문이었다.

홀로 남겨진 내 머릿속은 갖가지 상념으로 들끓었다. TV 화면에는 현장 영상이 계속 돌아가고 있었다. 뉴스 앵커의 목소리 톤이 높아지고 있었다. 나는 속으로 드리워지는 불안의 그림자를 애써 외면하려 애썼다.

"그 배에 아이들이 많이 탔다는데…."
"그 배는 결국 완전히 침몰하게 될까?"
"그러면 그 안에 갇힌 아이들은 어찌 될까?"
"지금이라도 당장 현장으로 달려가야 하지 않을까?"

무심히 날이 저물어 갔다.

3.
여기는 중대본 상황실

중대본 회의

4월 17일 아침 시간.

나는 광화문 정부서울청사에 들어서고 있었다. 해양경찰 근무복을 입은 채였다. 사고와 관련하여 행정안전부 장관이 주재하는 중대본 대책 회의에 참석하기 위해서였다. 그곳에는 육상 재난대응기관인 소방과 해상 재난대응기관인 해경은 물론, 재난과 관련된 여러 부처 파견 공무원이 근무하고 있다.

그날 중대본 회의는 세월호 침몰 사고에 대한 대책을 논의하는 범정부 차원의 비상대책회의였다. 강병규 행정안전부 장관이 주재하였다. 경찰, 소방, 군, 총리실, 행정안전부, 교육부, 보건복지부 등 사고와 관련된 부처 차관급이 참석하였다. 흰 와이셔츠에 신분증을 목에 건 모습이 청사 공무원의 전형적인 모습이었다. 그날은 비상 상황이어서 모두 노란 민방위복을 입고 있었다. 제복 공무원이 없는 서울청사에서 해양경찰의 푸른 제복을 입은 나는 멀리서도 쉽게 눈에 띄었다.

▲ 정부서울청사 전경(행정안전부 청사관리본부)

청사 1층에 도착하는 순간, 사람들이 빠르게 다가왔다. 나를 보자 불안으로 가득한 얼굴에서 언뜻언뜻 안도의 표정이 배어났다. 그게 뭘 의미하는지 몰랐다. 1층 복도에 위치한 중대본 상황실 복도는 어수선하고 혼란스러운 분위기였다. 제한 구역인 상황실 안으로 들어서자 무겁고 습한 공기로 인해 숨이 턱 막혔다. 상황실 정면의 스크린을 중심으로 회의에 참석한 관련 부처 공무원이 모여 있었다. 강병규 장관을 중심으로 이경옥 차관이 있고, 각 부처에서 나온 공무원이 모여 있었다. 쉽게 입을 열지 않는 침묵 속에 팽팽한 긴장감이 감돌았다.

나는 회의 좌석에 앉고 나서야, 조금 전 다른 참석자의 안도하는 표정의 의미를 알게 되었다. 그 표정은 마음속으로 이렇게 말하는 듯했다.

"이제 제복을 입은 해경 국장이 왔다."
"현장의 모든 것을 해경 국장이 설명할 것이다."
"우리는 이 곤혹스러운 공기에서 빠져나갈 수 있다."

    곧바로 회의가 시작되었다. 그리고 참석자들은 약속이나 한 듯 침묵했다. 나 혼자 말을 하고 있었다. 회의에 참석한 모두가 나를 보며 나에게 질문하고 있었다. 내가 모두에게 대답하고 있었다. 중대본은 평소 해경으로부터 재난 상황을 보고받았다. 하지만, 해상 상황을 이해하기는 쉽지 않았다. 해상은 용어부터 달랐다. 문서로 보고되는 내용만으로 정확한 상황을 파악한다는 것이 가능한 게 아니었다.

    조급해하고 답답해하는 심정들이 얼굴 표정에서 그대로 읽혔다. 나는 전날부터 보고 들었던 현장 상황에 대해서 설명했다. 모두가 궁금해하는 것은 그 배 안의 상황이었다. 뱃머리만 내놓고 침몰해 버린 그 배 안에 무슨 일이 일어나고 있는지였다. 하지만 그때까지 나도 배 안의 상황을 아는 게 별로 없었다. 아니 누구도 그 배 속의 상황을 알 수는 없었다.
    나는 상황보고서를 토대로 그때까지 파악된 내용을 설명하였다. 해양 관련 용어조차 익숙하지 않은 참석자들이 짧은 시간에 그걸 이해하기는 쉽지 않았다. 얼마나 시간이 흘렀을까? 회의가 끝났다. 나는 진도를 향해 출발하려 회의실을 나섰다.

▲ 중앙재난안전대책본부 회의 모습(본문 내용과 직접 관련 없는 사진임)

엎질러진 물

중대본 회의실을 나와 청사 복도를 따라 몇 걸음 옮겼다. 누군가가 뒤에서 소매를 잡았다. 회의를 주관했던 중대본 측 행정안전부 ○○○ 국장이었다. 기자 몇 명이 현장 상황을 물어보려고 기다리고 있으니, 직접 답변해 달라는 취지였다. 그때까지만 해도 언론이나 기자의 인터뷰조차 경험이 없는 나는 망설였다. 그러자 ○○○ 국장은 간단한 질문 몇 개면 금방 끝난다고 나를 설득하였다.

이런 대화를 나누던 그 시각, 현장의 사실 관계조차 모른 채 언론은 이미 전원 구조 오보를 내보냈다. 이를 토대로 중대본도 이미 전원 구조 발표를 한 뒤였다.

4월 16일 오전 11시경 경기도교육청과 단원고 측은 '단원고 학생 전원 구조'라는 문자 메시지를 언론에 통보했고, 언론사 측에서 '전원 구조' 오보를 내보낸 것이었다. 이후 서해지방해양경찰청 측 정정으로 전원 구조 오보는 일부 수정되었다.

하지만 혼란은 계속되었다. 중대본은 정확히 확인되지 않은 구조 상황을 공식적으로 발표했다. 4월 16일 오후 1시 30분 중대본은 세월호에 476명이 탑승해 368명이 구조됐고, 2명이 사망했다고 발표했다. 오후 2시 30분에는 180명이 구조되었고, 2명 사망, 290여 명이 실종되었다고 발표했다. 한 시간 사이에 실종자가 갑자기 100명 이상 늘어났다. 이어 중대본은 오후 4시 30분경에 459명이 탑승하여, 구조 164명, 사망 2명, 실종 293명이라고 정정하였다.

정부의 권위와 신뢰가 바닥으로 추락했다. 사고 하루 만에 국민은 정부를 불신했다. 아이들의 생환을 기다리던 가족들의 가슴에는 못이 박혔다. 내가 회의에 참석하기 전부터 중대본은 이미 신뢰를 잃은 상태였다. 뉴스에서는 점점 사실 관계가 변하고 뒤집히고 있었다. 중대본은 여러 발표가 엄청난 실수였다는 사실을 알아 버렸다. 이미 엎질러진 물이었고 스스로 주워 담기에는 늦은 상황이었다. 걷잡을 수 없는 시간이 흐르고 있었다.

예고에 없던 언론 브리핑

나는 끌려가다시피 정부서울청사 3층으로 올라갔다. 청사 복도에 있는 문을 열고 들어갔다. 그 안의 풍경을 보고 아연실색했다. 넓은 방 안에 취재진이 가득 차 있었다. 뒤쪽으로는 방송용 카메라 20여

대가 줄지어 서 있었다. 나중에서야 알았지만, 그곳은 정부의 중요 현안을 언론에 브리핑하는 '정부 합동브리핑실'이었다. 몇몇 기자가 기다린다는 말은 사실이 아니었다. 정식 브리핑을 준비한 채 해경 국장이 오기만을 기다리고 있던 것이었다. 중대본이 엎질러 놓은 물을 내가 주워 담아야 하는 상황이었다.

제복을 입은 내가 들어서자 카메라 플래시가 연달아 터졌다. 시키는 대로 연단 가운데에 섰다. 예고 없는 브리핑에 당황스러웠지만, 그대로 나올 수도 없었다. 질문은 나에게만 집중되었다. 다급한 질문들이 한꺼번에 쏟아졌다.

"물속의 배는 어떤 상태로 있는 겁니까?"
"배 안에는 생존자가 있습니까?"
"승선자는 몇 명이나 됩니까?"
"구조대가 물속으로 잠수하고 있습니까?"

나는 내가 알고 있는 것만 설명했다. 대부분 내가 대답할 수 없는 질문이었다. 어차피 나도 현장에 가 본 것이 아니었다. 상황보고서에 있는 것만 답변하였고, 그 이상은 답변할 수가 없었다. 30분이 넘어갔다. 취재진 질문은 끝없이 이어졌다. 그도 그럴 것이 중대본은 잘못된 구조 인원 발표 이후 신뢰를 잃었고, 언론도 물어볼 만한 곳이 없던 때였다. 그때 마침 해경 국장이 제복을 입고 나타났으니, 언론 입장에서는 그 기회를 놓치고 싶지 않았으리라.

브리핑을 마치고 나오자, 몇몇 기자가 따라붙었다. 옷소매를 잡아끌며 이런저런 질문을 퍼부었다. 나는 복도에 선 채로, 그 현장에 가보지도 못한 채로, 퍼붓는 질문에 대답하고 있었다. 그때 나는 짐작조차 하지 못했다. 그게 세월호와 질긴 인연의 시작일 줄은….

밖으로 나왔다. 크게 숨을 들이켰다. 도시의 공기가 폐부로 들어왔다. 나는 아직은 쌀쌀한 광화문의 봄기운을 뒤로하고 팽목으로 출발하였다. 그렇게 팽목의 서막이 시작되고 있었다.

4.
숙박 전쟁

목포 시내 찜질방에서

둘째 날인 4월 17일.

오전에 있었던 중대본 대책 회의는 성과 없이 끝났다. 회의를 통해 뾰족한 대책이 나올 것이 없었다. 일은 현장에서 벌어지고 있는데, 여기서 무엇을 어떻게 한다는 말인가? 지금 가장 시급하고 중요한 일은 명확했다. 하지만 그걸 실행하는 것이 어려울 뿐이었다.

진도로 향했다. 진도까지는 먼 길이었다.

같은 사무실에 근무하는 김 경장이 운전하는 자동차는 고속 도로 위를 최고 속도로 달렸다. 들판에는 무심한 봄꽃들이 피어나고 있었다. 멀리 보이는 산들도 연초록으로 물들고 있었다. '자연은 변함이 없구나.' 그들은 그들의 역할을 열심히 할 뿐이었다. 이른 농사를 준비하는 농부도 간간이 보였다.

눈은 차창 밖을 보고 있었지만, 머릿속은 현장 생각으로 엉켰다. 실타래를 풀어내려다가 점점 꼬여 가는 것처럼, 머릿속은 더 복잡해져 갔다. 풍경이 차창을 스쳐 가는 내내 의문이 꼬리에 꼬리를 물고 일어났다.

"그 배 속에 갇힌 사람들은 살아 있을까?"
"뱃머리만 떠 있는 저 상태에서 사람을 구할 수 있을까?"
"선장과 선원들은 왜 탈출 방송을 하지 않고 그대로 빠져나왔을까?"
"현장이 물살이 거센 곳이라는데, 구조 작업을 제대로 할 수 있을까?"

저녁 무렵 진도군청에 도착했다. 진도군청 2층에 범정부 사고대책본부가 설치되어 있었다. 그곳에서 내 임무는 구조 현장 상황을 파악하여 사고 대책본부장에게 보고하고, 구조 대책도 건의하는 거였다. 사고 대책본부장은 이주영 해양수산부 장관이 맡고 있었다.

여러 부처에서 나와 있었지만, 사고 현장 상황을 알 수 있는 부처는 없었다. 거대한 사고 앞에서 대책을 건의하거나 의견을 제시한다는 것도 기대하기 힘들었다. 당장은 현장 상황을 정확히 파악하는 것이 우선이었다.

▲ 진도군청 계단의 안내 표지판

출발하면서 내가 받았던 임무는 진도군청으로 가라는 거였다. 둘째 날이었고, 혼란스러운 상태였다. 행정 체계가 정상적으로 가동되지 않았다. 모든 해경 지휘부는 진도에 내려가 있었다. 하지만 해경도, 사고 대책본부도 일사분란하게 움직일 수 있는 상황이 아니었다.

이틀째인데 진도 읍내에는 숙박할 곳이 없었다. 허름한 여관방조차 이미 꽉 차 버렸다. 실종자 가족·친척, 수습을 위해 내려온 공무원, 언론사 취재진, 자원봉사자, 구조 관련 업체 직원, 사고를 걱정하는 일반 시민들까지…. 진도 읍내는 사람들로 북적거렸다. 거리는 슬픔과 침묵으로 가득 찼다. 사람들의 북적거림과 그들의 침묵은 어울리지 않는 공존이었다. 어디에서도 연출되기 어려운 묘한 분위기였다.

도착하자마자 사고대책본부 사무실에서 현장 상황을 파악하고 대책을 논의했다. 금세 한밤중이 되었다. 다음 날을 위해 잠시라도 눈을 붙여야 했다. 진도 읍내에 방을 잡는 것은 이미 늦었다. 하는 수 없었다. 저녁때 왔던 그 길 반대 방향으로 거슬러 목포를 향해 달렸다. 밤늦은 시간이라 도로에 차는 거의 없었다.

자정을 훌쩍 넘긴 시간에 도착한 곳은 목포 시내 찜질방이었다. 어차피 여관방을 잡아도 한두 시간 후에 나와야 했다. 당시에는 거기가 어딘지 몰랐다. 멀리서 불 켜진 찜질방 간판을 보고 무작정 들어간 곳이었다. 나중에 안 것이지만, 그곳은 목포의 하당 신도시였다. 행정 구역상으로 전남 목포시 신흥동이나 옥암동쯤으로 영산강 하구언을 끼고 매립지에 만들어진 신흥 시가지였다. 식당과 여관이 많은 곳이었다.

찜질방에 들어서 간단히 사우나를 했다. 몸이 천근만근이었다. 몇 시에 다시 진도로 출발할까 고민했다. 두 시간 정도는 잘 수 있을 것 같았다. 찜질방 바닥에 몸을 누이자마자, 곧바로 잠이 들었다. 30분 정도 흘렀다고 생각했다. 꿈결에 누군가가 불렀다. 눈을 뜨자 동행했던 김 경장이 나를 깨우고 있었다. 진도를 향해 희뿌연 새벽길을 다시 달렸다. 새벽안개가 영산강 너른 물 위로 피어오르고 있었다. 셋째 날이 밝아 오고 있었다.

해남 우수영 모텔로

잠을 자기 위해서 목포에서 진도까지 왕복했다. 한밤중에는 진도군청에서 목포로, 새벽에는 목포에서 진도군청으로 차를 달렸다. 목포의 찜질방에서 자는 시간은 두 시간을 넘기질 못했다. 그러길 며칠이 지났다. 진도대교 옆 해남 우수영 근처에 숙소를 간신히 구했다.
'우수영 비취 모텔'

진도대교를 건너기 직전 우측 산기슭에 있는 작은 모텔이었다. 당시에는 모텔 이름조차 몰랐었지만, 나중에 알게 된 이름이었다. 그나마 조금 사정이 나아졌다. 목포까지 가지 않고 30분이라도 더 잘 수 있었으니….

모텔 앞쪽까지 울돌목 바닷물이 들어와 있었다. 정면에는 진도로 들어가는 도로 너머 우수영 관광지가 보였다. 시야 오른쪽 끝으로 진도대교가 시작되었다. 진도대교 아래 울돌목이 도도히 흐르고 있었다.

▲ 진도대교 앞 우수영 비취 모텔

 언뜻 보기에 바다라기보다는 강물 같았다. 조류가 거세게 흐르면서 '괄괄괄' 하는 굉음을 냈다. 물빛은 누런색과 갈색을 풀어 놓은 색깔에 탁한 빛을 띠고 있었다. 물살이 바위에 부딪혀 나는 소리는 위압감이 느껴졌다.

 그곳이 바로 이순신 장군이 명량 해전에서 대승을 거두었던 장소였다. 명량 해전은 1597년 정유재란 때 이순신 장군이 이끄는 조선 수군 12척이 일본 함선 330여 척을 거의 전멸에 가깝게 격퇴했던 해전이다. 더구나 칠천량의 패전으로 조선 수군의 함선이 열두 척만 남은 상황에서의 승리였다. 이순신 장군이 선조에게 올린 장계가 떠올랐다.

 "지금 신에게는 아직도 전선 열두 척이 남아 있나이다."
 "죽을힘을 다하여 막아 싸운다면 능히 대적할 수 있사옵니다."
 "비록 전선의 수는 적지만, 신이 죽지 않은 한 적은 감히 우리를 업신여기지 못할 것입니다."

거센 물살을 바라보며 이순신 장군의 심정을 떠올려 보았다. 열두 척의 배만 남은 절망적인 상황에서 장군은 무슨 생각을 했을까? 나라를 구해야 한다는 절박한 마음뿐이었을 것이다. 절박함이 결국 해전사에 빛나는 승리를 이끌어 내지 않았을까? 현장의 상황도 그때와 다를 바 없었다. 나라를 구하는 정도는 아니어도 수백 명의 꽃다운 목숨이 달린 문제였다. 이 절박함으로 그때처럼 기적이 일어나길 기도했다.

우수영 모텔에서 진도읍까지는 20분 정도 걸렸다. 지금은 15분 정도면 읍내까지 갈 수 있다. 진도대교에서 진도읍까지 4차선 직선 도로가 놓였기 때문이다. 당시는 이 도로가 없었다. 진도대교를 건너면 곧바로 우회전하여 군내면 방향으로 가는 도로를 따라 돌아서 꾸불꾸불한 2차선 도로를 달려야 했다. 그 길은 직선으로 뻗어 있지 않았다. 중간중간 들판을 곡선으로 돌아드는 구간이 많았다.

전쟁 같은 시간이었다. 새벽같이 일어나 진도군청으로 달려갔다. 브리핑 자료 작성, 언론 브리핑과 백 브리핑, 상황 파악과 현장 방문, 언론 보도 해명, 취재기자들과 통화 등등… 하루 24시간이 모자랐다. 우수영 모텔로 돌아오면 새벽 두세 시가 되기 일쑤였다. 새벽 별을 보며 진도군청으로 달려갔고, 다음 날 새벽 별을 보며 모텔로 돌아왔다.

씻을 시간도 아까웠다. 양말을 벗으면 그대로 쓰러졌다. 새벽 5시쯤이면 어김없이 취재진의 전화벨이 울렸다. 나의 잠을 깨우는 자명종 소리였다. 모텔 이름이 뭐였는지, 어떻게 생겼는지조차 몰랐다. 내가 기거했던 객실, 드나드는 현관문, 차를 주차하는 마당 정도만 알 수 있었다. 그것도 어렴풋이. 한 번도 그곳에서 낮에 있어 본 적이 없었다.

진도군청 앞 대동 여관까지

그렇게 우수영 모텔에 숙식한 지 보름이 훌쩍 넘었다.

진도 읍내에 와 있던 사람들이 하나둘씩 떠나기 시작했다. 4월 16일 뱃머리만 남기고 침몰했던 배는 4월 18일 완전히 침몰했다. 그리고 수중 수색이 계속되었다. 1차 수색 기간인 4월 16일부터 5월 8일까지 희생자 273명을 수습했다. 많은 희생자는 대부분 초기에 수습되었다. 이후 계속되는 잠수와 수색에도 희생자 수습은 더디게 진행되었다. 많은 사람이 진도 읍내를 떠나갔다.

▲ 진도읍 전경(진도군청 홈페이지)

진도에 온 지 20여 일이 지나서야 읍내에 여관방을 구할 수 있었다. 진도군청 앞 큰 도로를 따라 200여 미터를 내려오면 도로 왼편에 위치한 건물이었다. 지은 지 수십 년은 지났는지 낡고 우중충했다. 하지만 군청에서부터 이동 거리가 있는 우수영 모텔에 비하면 감사할 따름이었다. 방이야 특별히 나을 것이 없었지만, 군청 코앞에 있는 위치 때문이었다. 시간을 절약하여 모자란 잠을 보충할 수 있는 것만으로도 좋았다.
　자정이 넘는 시각, 일을 끝내고 걸어서 여관으로 향했다. 손발만 씻으면 곧바로 잠이 들었다. 한 방을 몇 명이 써야 했지만, 어차피 두세 시간 자는 것이 전부였다. 여관방은 2층 구석방이었는데 복도 끝에 위치한 덕분에 조용한 편이었다.

　숙박 전쟁은 끝났지만, 긴긴 아픔의 날들이 기다리고 있었다.

5.
진도의 봄

남도의 섬에서

태어나 처음으로 진도 땅을 밟았다.

긴 여정 끝에 도착한 진도에는 봄이 시작되고 있었다. 4월의 남도는 싱그러웠다. 산으로, 들녘으로 봄기운이 피어났다. 길가에 앞다투어 핀 들꽃이 지천이었다. 연두는 대지 위로 뿌려진 생명의 물감이었다. 그곳을 뒤덮은 사람들의 슬픔은 아랑곳하지 않는 듯했다.

그것은 대나무잎 같기도 했고 넓은 생강잎 같기도 했다. 길가 밭에 줄지어 그 채소가 자라고 있었다. 처음 보는 채소였다. 그 채소는 누렇게 익기 시작한 보리밭을 배경으로 연초록 싹을 틔웠다. 그것은 '강황'이라는 작물이었다. 충청도에서 나고 자란 나로서는 생소한 이름이었고, 처음 보는 작물이었다. 카레를 만드는 식재료라고 했다.

강황은 오키나와의 상징적인 토산품으로 이름이 높았는데, 그 종자가 진도에 들어와 재배의 맥을 잇고 있었다. 진도는 난·한류가 교차하는 해양성 기후로 일조량이 풍부하여 성장에 적합한 지역이었다. 해풍을 맞으며 소나무 향을 머금은 진도 강황은 품질이 좋기로 유명했다.

　너른 들녘에는 대파도 줄지어 심겨 있었다. 따뜻한 날씨 덕에 얼지 않고 겨울을 날 수가 있었다. 그 외에도 진도는 홍주, 구기자, 미역이 유명했다. 나는 진도가 섬이기 때문에 농경지가 적으리라 생각했었다. 실제로는 농경지가 넓고 농산물이 풍부하였다.

　진도군은 농지의 40%가 간척지로 이루어졌다. 간척지 대부분은 1970년대 만들어졌지만, 간척 역사는 조선 시대로 거슬러 올라갔다. 바다 건너 해남에 살았던 '해남 윤씨' 가문이 시작했다고 한다. 1500년대 윤선도의 할아버지 때부터 시작되었고, 윤선도가 1640년대 후반쯤 마무리 지었다고 추정됐다.

　용맹하고 충성심이 강한 진돗개도 눈에 띄었다. 한번 주인을 섬기면 다른 사람은 따르지 않는다는 우리나라 토종개. 읍내를 지나면서 집집마다 진돗개 짖는 소리가 들렸다. 모내기를 위해 물을 대 놓은 무논을 천방지축 뛰어다니는 놈도 있었다.
　이 모든 것은 내게 낯설고도 신기했다. 남도 특유의 생명력과 기운이 배어 있었다. 어딘가 다른 세계 속에 들어온 느낌이었다.

슬픈 바다

　진도 인근 바다는 오래전부터 해산물이 풍부한 곳이었다. 꽃게, 전복, 미역…. 그곳은 조류가 빠르기로 유명했다. 소리도 요란하여 바닷목이 우는 소리를 낸다는 '울돌목'이란 이름이 붙여졌다. 그런 곳에서

▲ 진도의 바다 풍경(진도군청 홈페이지)

거센 물살을 이기며 자란 해산물은 품질이 좋았다. 울돌목에서 바다를 거슬러 올라가는 숭어를 뜰채로 잡는 전통 방식은 잘 알려져 있다. 물살을 거슬러 가기 때문에 육질이 단단하고, 쫄깃한 식감을 자랑한다. 그 해산물은 비싼 가격에 팔렸다.

　이순신 장군의 명량 해전도 이 바다에서 있었다. 왜선 133척을 맞아 12척의 병선으로 완벽한 승리를 거두었다. 빠른 물살이 바뀌는 상황을 정확히 읽고 전투에 활용한 덕분이었다. 조선 최대의 해난 사고였던 '추조 패선' 사건도 이 바다에서였다. 1656년 효종 7년 때였다. 우수영 앞바다에서 한꺼번에 천여 명의 수군이 물에 빠져 죽는 대참사가 일어났다. 바다에서 군사 훈련 도중에 큰 바람이 일어 많은 군사가 몰살당한 사고였다. 이 모두가 그 바다의 빠른 조류 때문에 일어났던 일이다.

이런 바다에 그 배가 침몰하였다. 맹골수도 끝자락인 병풍도 인근이었다. 맹골수도는 전라남도 진도군 조도면에 있는 맹골도와 거차도 사이의 좁은 해역을 말한다. 서해를 통과하여 남해안이나 제주도로 가는 선박이 대부분 지나는 항로였다. 하루에도 수백 척의 선박이 그곳을 통과했다.

평균 유속은 5.8노트(2.0~3.5m/s)로 알려져 있다. 물속 흐름이 초당 2~3미터 이동한다는 의미이다. 사람이 빠진다면 순식간에 물살에 쓸려 갈 수 있는 속도이다. 특히 간조와 만조 시에 조류의 흐름이 빨라 이 시간대에 이곳을 지나는 선박은 특별한 주의가 필요한 곳이었다.

항로 오른쪽으로 병풍도가 있었다. 기암절벽이 마치 병풍처럼 둘러 쳐져 있다고 하여 붙여진 이름이다. 병풍도는 남북으로 좁고 길게 뻗어 있었다. 흙이 없고 바위로만 이루어진 절경의 섬이었으며 강태공들 사이에서 꽤 유명세를 타는 섬이다. 병풍도는 전남 진도군 조도면의 여러 섬 중에서도 가장 남서쪽에 위치하고 있었다. 거길 지나면 곧바로 제주로 향하는 넓은 바다가 펼쳐진다.

하지만 그 배는 병풍도를 마저 통과하지 못한 채 멈춰 그 바다 밑으로 침몰하였다. 우리의 기억은 거기서 끝났다.

우리, 남겨진 우리

바다는 여느 때와 같았다. 태고 이래 그랬던 것처럼, 침묵한 채 무심히 급류를 흘리고 있었다. 물살은 거세고 거칠었다. 바다 밑에 그 배가 가라앉아 있어도 달라진 것이 없었다.

▲ 해가 저무는 팽목항 풍경

팽목항에서 사고 현장인 맹골수도까지는 배로 한 시간 가까이 걸렸다. 평소에 인근 섬으로 가는 주민과 낚시꾼 정도만 오가던 팽목항으로 사람들이 모여들었다. 사고 소식을 접한 가족들과 구조를 위해 달려온 관계자도 있었다. 바다에서 잔뼈가 굵은 민간 잠수사와 소식을 듣고 이들을 돕기 위한 자원봉사자들도 모였다.

대지 위에 봄이 왔지만, 바다는 봄이 아니었다. 바다는 차가웠다. 바다는 울고 있었다. 남겨진 우리는 황망했고, 비통했다. 텅 빈 눈길을 어디에 두어야 할지 몰랐다. 누구라도 붙잡고 한숨을 터억~ 턱~ 내뱉어야 했다. 현실 같지 않은 현실에 갈팡질팡했다.

이제부터 닥쳐올 슬픔의 깊이는 가늠할 수도 없었다. 그해 진도의 봄은 정녕 아름다울 수 없었다.

2부

블랙 스완이 나타나다

2부를 들어가며

《팽목일기》 2부는 사고 발생 직후 혼란스러웠던 며칠간의 이야기이다.

날짜로 보면 배가 출항한 4월 15일부터, 뱃머리가 물속으로 침몰한 4월 18일까지다. 그날은 우리에게 가장 슬프고, 가장 충격적이고, 가장 혼란스러운 날이었다. 476명이 탄 배가 침몰한 것은 가장 슬픈 일이었고, 304명을 태운 채 가라앉는 모습은 가장 충격적이었으며, 사고 소식이 수시로 바뀐 것은 가장 혼란스러운 일이었다.

'블랙 스완(Black Swan)'이라는 말이 있다. 말 그대로 '검은 백조'를 뜻한다. 1697년 네덜란드 탐험가가 오스트레일리아를 탐험하던 중 존재 자체를 몰랐던 검은 백조를 발견하였다. 그때까지 사람들은 검은 백조가 이 세상에 존재하리라 생각지 않았다.

　세월호 사고는 블랙 스완이었다. 눈으로 보면서도 믿을 수 없는 일이 벌어졌다. 발생할 수 없다고 믿었던 사고가 발생했다.
　사고 직후 범정부 사고대책본부가 꾸려졌다. 나는 사고 대책본부에서 대변인을 맡게 되었다. 생각조차 하지 못했던 일이었다. 갑자기 일상이 깨지고 질서가 흐트러졌다. 마음속에 먹구름이 덮쳤다.

　거대한 어둠이 몰려오고 있었다.

6.
밤바다를 떠난 괴물, 세월호

연안부두 여객터미널

2014년 4월 15일 오후. 잔뜩 흐린 날씨였다.

여느 초봄 날씨가 그렇듯 쌀쌀한 기운이 감돌았다. 연안부두 사거리에서 좌회전하여 몇백 미터를 가면 오른편으로 인천항 연안여객터미널 건물이 나타난다. 터미널 안에는 매표소와 대기석이 있고, 간이매점도 자리하고 있다. 여객터미널 건물 옆으로 넓은 주차장과 친수공원이 잇대어 있고, 건너편으로 해물 메뉴를 간판으로 내건 식당들이 다닥다닥 붙어 손님을 기다리고 있었다.

길거리는 터미널로 향하는 몇몇 사람들이 오갈 뿐 아직 한산했다. 출항할 시간이 많이 남아서 그런지 터미널 안도 썰렁했다. 3층의 터미널 건물 앞 부둣가에 백령도, 연평도, 덕적도 등을 오가는 여객선과 소형 어선이 줄지어 정박해 있었다.

정박해 있는 선박 중에서 인천과 제주도를 오가는 그 배는 눈에 확 띄었다. 세월호는 길이 145미터, 폭 22미터에, 무게 6,825톤이었으며, 5층 구조인 선체는 10층짜리 빌딩 높이였다. 연안부두에 정박해 있는 연안여객선 중에서 독보적인 크기였다. 1994년 6월 일본에서 건조되었고, 2012년 10월 국내에 도입되었다. 출항 당시 만든 지 20년째를 맞고 있었다.

이 여객선은 여객과 화물을 함께 실을 수 있는 배였다. 여객선 중에서 '로로선(RO-RO선)'이라는 배였다. 로로선은 화물을 적재한 트럭이나 일반 차량을 운반하는 화물선이었다. 차량을 싣고 내릴 때 별도의 크레인을 이용하지 않고, 차량을 운전하여 직접 배에 드나드는 선박이었다. 일반 화물선과 달리, 이런 유형의 배는 선체 구조가 개방된 형태고, 전복되기 쉽다고 알려져 있다.

출항 시간이 두어 시간 앞으로 다가왔다.
승객이 하나둘씩 터미널로 모여들기 시작했고, 승선을 기다리는 차량도 길게 줄지어 섰다. 부두로 연결되는 도로 바닥과 간판에는 제주행 표지가 쓰여 있다. 그 길을 따라 수십 미터를 가면 세월호가 선미에 램프웨이를 열어 두고 있었다. 램프웨이는 부두와 선박 안을 연결하는 경사진 통로를 말한다. 경사판을 선체 벽면에 접어 두었다가 펼쳐서 차량을 싣거나 내리는 것이다.
기다리던 차량은 램프웨이가 열리자 줄지어 배 속으로 자취를 감추었다. 동시에 선수에 설치된 크레인을 이용하여 부두에 야적된 컨테이너를 선수 갑판에 차곡차곡 쌓았다.

승객들도 승선을 시작했다. 승선하는 승객은 승선 사항을 미리 예약했다. 승선할 때 여객터미널 창구에서 예약된 사항을 보여 주고 표를 발권했다. 이 과정에서 승선자 인적 사항과 연락처를 적었다. 나중에 안 일이었지만, 여기에 적힌 것 중 일부는 사실과 달랐다. 발권한 표로 개찰구를 통해 개찰한 후 승선할 수 있었으며 여객선사 측은 발권한 내용을 토대로 승선자 명부를 작성하게 되어 있었다.

예약한 사람이 모두 승선한다고 가정하면, 예약자 = 발권자 = 개찰자 = 승선자 숫자가 일치되어야 했다. 하지만 현실은 그렇지 못했다. 예약을 마치고 발권하지 않거나, 발권을 마치고도 승선하지 않는 경우도 있었다. 이런 시스템 때문에 사고 이후 수습 과정에서 실제 승선자 수를 확정하는 데 극도의 어려움을 겪었다.

개찰이 끝나고 부둣가로 나가면 비로소 그 배를 볼 수 있었다. 승객들은 아파트 건물 크기의 이 배 앞에 서는 순간 은연중에 신뢰감이 생겼다. 이 정도 큰 배를 타면 웬만한 파도에도 끄떡없을 것 같은 근거 없는 믿음이 생겨나기 때문이었다.

그렇게 그 배 속으로 화물과 차들과 사람들이 사라졌다. 오후 시간이 되면서 뿌연 미세 먼지에 더해 안개가 연안부두를 덮기 시작했다.

▲ 인천항 여객터미널 전경(한국관광공사 홈페이지)

안개 속의 출항 준비

세월호는 2013년 3월 16일에 첫 운항을 시작했다. 매주 화요일과 목요일 저녁 6시 30분에 인천항을 출항하여, 다음 날 9시 10분경 제주항에 도착하였다. 수요일과 금요일에는 반대 항로로 인천항에 입항하는 일정이었다.

그날 그 배는 예정된 시간에 출항하지 못했다. 예정 출항 시각은 4월 15일 저녁 6시 30분이었지만 그 시간, 연안부두에 안개가 드리워져 있었다. 터미널은 여객선을 타려는 사람들로 북적거렸지만, 출항 여부는 알 수 없었다. 그러는 중에도 출항 준비는 계속되고 있었다.

해양안전심판원의 '여객선 세월호 전복사고 특별조사 보고서'에 따르면, 그날 승선한 총인원은 476명이었고, 이 중 여객이 443명, 선원이 33명이었다. 여객 443명은 단원고등학교 학생 325명, 교사 14명, 일반 승객 104명이었다.

배가 출항하려면 여러 과정을 거쳐야 했다. 화물을 적재하고, 승객을 승선시키는 외에도 안전과 관련되어 체크해야 할 사항이 많았다.

가장 중요한 것이 과적과 이로 인하여 만재흘수선을 지키지 못하는 거였다. 수면과 선체가 만나는 선을 흘수선이라 하는데, '만재흘수선'은 배가 화물과 승객을 가득 싣고 안전하게 항행할 수 있는 최대한의 선을 나타낸다. 쉽게 말하면, 만재흘수선 이상의 화물을 실으면 배가 위험해지는 것이다. 그래서 배의 옆에 표시된 만재흘수선이 수면 아래로 내려갈 정도로 화물을 실으면 출항할 수 없었다.

안개 속에서 출항을 준비하던 그 배는 적정 무게의 두 배 가까이를 실었다. 화물이 만재흘수선을 초과하면 출항 허가가 나오지 않았다. 그래서 초과한 화물 무게를 상쇄하여 만재흘수선을 맞추기 위해 평형수와 연료유를 그만큼 적게 실었다. 이렇게 되면 아래쪽에 있던 무게 중심이 위쪽으로 올라간다. 그만큼 배는 복원성을 잃고 불안정해진다.

적재한 차량이나 컨테이너가 항해 중에 움직이지 않도록 묶는 것도 중요한 문제였다. 화물을 선박에 고정시키는 것을 '고박(Lashing)'이라 한다. 화물 고박이 제대로 이루어지지 않은 경우, 항해 중 배가 흔들리면 화물의 위치가 움직일 수 있다. 이로 인해 배가 기울어지는 것이 가속화될 수 있었다.

이렇게 안전 운항과 관련된 출항 전 점검 사항을 책임지는 사람은 선장이었다. 선장이 전반적인 출항 현황을 점검한 후, 안전점검보고서를 작성해 한국해운조합 운항관리실에 제출해야 했다. 운항관리자는 보고서를 확인하고 결함이 있거나 내용이 부실할 경우, 이를 직접 확인할 의무가 있었다.

하지만 세월호 이준석 선장은 실제로 점검하지 않은 채 3등항해사에게 모든 것을 맡겼다. 3등항해사가 작성한 안전점검보고서는 운항관리자에게 무사히 통과되었고 운항관리자는 서류만 보고 출항 허가를 했다. 이제 배는 서류상이었지만, 출항할 수 있는 상태가 되었다.

▲ 출항 전 세월호 모습

출항하는 괴물 배

모든 출항 준비가 끝났다 하더라도 바다 날씨가 문제였다.

그날도 연안부두에 안개가 자욱하게 끼어 있었다. 바다 안개를 '해무(海霧)'라 부르는데, 바다를 항해하는 선박에게 가장 무서운 존재가 해무였다. 해무가 잔뜩 낀 상태에서 항해하는 선박은 앞이 보이지 않은 채 걷는 장님과 같았다.

내게도 해무가 두려웠던 시절이 있었다. 해병대 복무 시절이었다. 한강 하구를 사이에 두고 북한 땅이 코앞에 보이는 강화도 철책에 근무했었다. 강가를 따라 철조망이 이어지고 그 안쪽은 갈대밭과 갯벌이 있었으며 강 건너편은 북한군 초소였다.

이제 막 전입 온 졸병에게 선임병이 겁을 주었다. 철책 안 갈대밭을 가리키며 손으로 목을 긋는 시늉을 하곤 했다.

"저 갈대밭 안에 간첩이 은닉하고 있다. 한밤중에 네가 졸면 즉시 달려온다. 몇 초 안에 이거다. 정신 똑바로 차리고 근무 서라."

그곳은 바다와 강이 만나는 곳이라 해무가 자주 끼었다. 한 치 앞도 볼 수 없을 정도로 해무가 초소를 둘러싸면 선임병의 말이 생각났다. 해무 속에서 간첩이 뛰어나올 것만 같았다. 스멀스멀 다가오는 해무는 내게 언제나 두려운 존재였다.

세월호의 출항이 늦어지는 것은 짙은 해무 때문이었다.
이날 오후 5시 35분 인천항 해상교통관제센터는 시정(視程)주의보를 발효했다. 이에 따라 인천해양경찰서는 오후 6시 30분 출항 예정이던 세월호 출항을 통제했다. 안개로 인해 해상의 가시거리가 1킬로미터 이내로 관측됐기 때문이었다.
오후 8시 무렵, 인천항 주변 안개가 차츰 걷혔다. 뿌옇던 시정 상태도 나아지기 시작했다. 인천항 해상교통관제센터는 육안으로, 인천대교에 설치된 센서를 통해, 혹은 인근의 운항 선박들을 통해 시정거리를 확인했다. 인천해양경찰서 상황실도 출동 중인 경비함정을 통해 직접 시정을 확인했다.

이제 연안부두 주변은 1킬로미터 이상 시야가 확보되었다. 시정 상태가 호전됐다고 판단한 인천항 해상교통관제센터는 오후 8시 35분 시정주의보를 해제하고, 이 사실을 인천해양경찰서 상황실에 통보했다. 그리고 상황실은 오후 8시 50분 연안여객선 출항 통제를 해제했다.

  이제 배가 연안부두를 떠나기 시작했다.
  배에 올라 2시간 넘게 출항을 기다리던 승객들은 들떠 있었다. 유독 왁자지껄하는 소리가 나는 곳이 있었다. 수학여행을 떠나는 단원고 학생들이 있는 3층과 4층 객실 쪽이었다. 검은 밤바다 그리고 친구들과 야간 항해는 아이들을 들뜨게 하기에 충분했다. 괴물 배의 마지막 항해는 이렇게 시작되었다.

  배는 시커먼 어둠 속으로 서서히 나아갔다.

7.
블랙 스완이 나타나다

그 배의 이력

그 배는 2014년 4월 15일 밤 9시 5분에 인천을 출항했다.

목적지인 제주까지 13시간이 넘는 항해 거리였다. 배는 검은 밤바다를 유유히 나아갔다. 그 안에 476명 승객이 곧 닥쳐올 운명을 모른 채 타고 있었다.

결국 침몰의 종착점으로 갈 수밖에 없었던 괴물 배의 이력을 알아보자. 세월호는 최초 1994년 일본에서 진수되었다. '진수(進水)'라는 것은 새로 만든 선박을 처음으로 물에 띄우는 것을 말한다. 이때 배의 안전 항해를 바라는 진수식(進水式)을 한다. 진수식은 육지와 배를 연결하는 진수줄을 끊고 선체에 붉은 샴페인을 깨뜨리는 의식으로 행해진다. 진수된 세월호는 일본 해운 회사인 '마루에이 페리사'에 의해 18년간 운행되었다. 일본 남부 큐슈와 오키나와 항로 등을 운항하는 여객 및 화물 운송용이었다.

㈜청해진 해운은 중고선이던 세월호를 2012년 10월 일본에서 도입했다. 당시 인천-제주 간 항로는 수도권과 제주도를 잇는 여객과 화물이 점점 늘어나는 추세여서 황금 노선이었다. 이 항로에 세월호와 유사한 오하마나호(6,322톤급)를 이미 취항시키고 있었다. 더 많은 이익을 위해 세월호가 추가로 투입된 것이었다. 세월호는 2012년 10월 인천지방해양항만청에 등록되었다.

해양수산부 중앙해양안전심판원의 '여객선 세월호 전복사고 특별조사 보고서'에 따르면, 세월호는 로로선으로서 승선 정원은 956명(여객 921, 승선원 35)이었다. 상부 3개 층에 여객을 수용하는 객실이 있었다. 5층(상갑판) 1등실에 11명, 4층(A갑판) 2등실에 484명, 3층(B갑판) 2, 3등실과 기사실에 426명이었다.

그 아래층은 차량이나 화물 등을 실을 수 있는 화물창이 있는 구조였다. 2층(C갑판)은 선수에 컨테이너를 적재할 수 있었고, 1층(D갑판)은 각종 차량을 적재하는 공간이었다. 화물창은 선미 측 램프를 통하여 차량 등의 하역 작업이 이루어지며, 선수 갑판 화물은 선수에 있는 크레인으로 하역 작업이 이루어졌다. 화물창 하부에 기관실, 선박평형수 탱크, 연료유 탱크, 청수 탱크 등이 위치하고 있었다.

세월호는 도입된 상태대로 항해에 투입되지 않았다.
도입된 2012년 10월부터 약 4개월에 걸쳐 개조 작업을 진행했다. 전라남도 영암군 소재 ㈜○○조선에서 개조했다. 주요한 부분으로 여객실 증설을 위한 개조가 있었다. 5층 선미 약 2.6미터, 4층 선미

약 5.6미터를 각각 확장하였고, 확장된 부분의 5층 갑판은 전시실로, 4층 갑판은 여객실로 개조했다. 또 승용차 적재 공간이었던 3층(B갑판) 선미에 운전자용 객실을 신설했다.

다른 개조 부분은 램프였다. 선수 양쪽으로 달린 램프 중 우현 램프를 제거했다. 이렇게 개조함으로써 연료유, 선박평형수, 여객 및 화물 등을 실을 수 있는 무게인 재화중량톤수가 이전보다 187톤 감소되었고 최대 승선 인원은 이전보다 116명 증가되었다. 하지만 이로 인해 배의 복원성은 크게 감소되었다.

이후 선박안전법 등에 따라 한국선급으로부터 등록 검사 및 정기 검사를 통과했다. 선박 검사 이후에도 개조 공사로 만들어진 선교갑판 전시실 내부에 인테리어용 대리석 약 37톤을 추가로 설치했다. 이 전시실은 불법 개조로 만들어진 유병언 일가의 문화 공간이었다.
결국 세월호는 사고가 예정되어 있던 배였다. 들여올 때부터 18년을 운항한 중고 선박이었고, 개조를 통하여 배의 복원성이 크게 훼손되었으며, 선박 검사 이후에 불법으로 증축까지 마친 배였다. 사고가 일어나는 것은 시간문제였다.

블랙 스완이 나타나다

'블랙 스완(Black Swan)'이라는 말이 있다.
블랙 스완은 말 그대로 '검은 백조'를 뜻한다. 1697년 네덜란드 탐험가가 서부 오스트레일리아를 탐험 중에 그때까지 존재 자체를 몰랐던 검은 백조를 발견했다. 사람들은 이 세상에 검은 백조가 존재하리라고 생각하지 않았다. 이처럼 전혀 예상할 수 없었던 일이 실제로 일어나는 경우를 '블랙 스완'이라 부르게 되었다.

▲ 블랙 스완

이 용어는 여러 학문 분야에서 오랫동안 사용되어 왔다. 이 용어가 대중화된 것은 2007년 나심 니콜라스 탈레브(Nassim Nicholas Taleb)가 《블랙 스완》이라는 책을 발간하면서였다. 그가 말하는 블랙 스완은 다음과 같은 특징이 있다.

첫째, 예외적으로 일어나는 사건이다.

둘째, 일단 발생하면 엄청난 변화를 초래할 만큼 충격적이다.

셋째, 블랙 스완이 발생한 이후 사람들은 그것을 사전에 예측할 수 있었다고 받아들인다.

그랬다. 세월호 사고는 블랙 스완의 출현이었다. 세월호 사고는 탈레브가 말하는 블랙 스완의 특징을 전형적으로 가지고 있었다.

첫째, 그것은 예외적으로만 일어날 수 있는 사고였다. 평온하게 정해진 항로를 오가던 6천 톤급의 거대한 배가 그렇게 빠르게 침몰하리라는 것은 상상하기 어려웠다. 더구나 4월의 잔잔했던 바다에서 그 많은 인명 피해가 발생한 것도 예외적이었다.

둘째, 사고가 발생한 후 온 국민이 집단적 트라우마를 겪을 정도로 충격적이었다. 방송을 통해 생생하게 전달되는 사고 현장은 씻을 수 없는 충격과 아픔을 가져왔고, 현실을 온전히 받아들이기 힘들게 만들었다.

셋째, 세월호 사고를 되짚어가면서 누구나 사고가 사전에 예측할 수 있었다고 생각했다. 그래서 당연히 막을 수 있었고 일어나지 말았어야 했다고 생각했다. 한 사람도 그 사고가 일어나리라고 상상할 수 없는 블랙 스완이었다.

"그렇게 갑자기 내 머릿속에 상상할 수 없는 큰 사고가 발생했다고?"
"내 눈앞에 발생한 그 사고는 허상일 거야…."

맹골 바다에 멈춰 선 배

그 배가 진도 해역 끝자락에 나타났다.

아침 시간이었고, 바다는 조용했다. 바람과 파도도 잔잔했다. 그 배는 맹골수도를 따라 남쪽으로 항해했다. 항로 오른쪽으로 병풍도가 보였다. 병풍도는 남북으로 좁고 길게 뻗어 있었다. 병풍도는 전남 진도군 조도면의 여러 섬 중에서도 가장 남서쪽에 위치하고 있다. 거길 지나면 곧바로 제주로 향하는 넓은 바다가 펼쳐졌다.

인천항을 떠나 벌써 12시간 가까이 서해 바다를 항해해 왔다. 맹골수도를 거의 빠져나온 배는 병풍도를 끼고 우현으로 틀어야 했다. 방향을 우현으로 변경한 후 곧장 제주도 방향으로 내려가면 된다. 이제 제주도가 멀지 않은 바다까지 왔다.

하지만 그 배는 더 이상 정해진 항로대로 움직이지 못했다. 거기까지였다.

해양수산부 중앙해양안전심판원의 '여객선 세월호 전복사고 특별조사 보고서'를 토대로 당시 침몰 상황을 되짚어 보자.

▶ 4월 16일 아침 7시 30분경

조타실에는 3등항해사와 당직 조타수가 있었다. 그들은 아침 7시 30분경 1등항해사로부터 당직을 인계받아 근무를 시작했다. 맹골수도 진입하기 약 2~3마일 전인 오전 8시 20분경, 3등항해사는 당직 조타수에게 자동 조타에서 수동 조타로 바꾸도록 지시했다. 이후 배는 항로를 서서히 바꾸면서 맹골수도에 진입했다.

▶ 4월 16일 아침 8시 46분경

그 배는 속력에 변화 없이 맹골수도를 통과하면서 수시로 항로를 조금씩 바꾸면서 항해했다. 오전 8시 46분경 속력 약 18노트로 병풍도를 우현으로 약 0.9마일에 두고 통과했다. 같은 시각 3등항해사는 항로를 우현으로 변경하도록 지시했다. 당직 조타수는 각도를 우현 약 5도 정도로 변경한 후 제자리로 되돌리는 방식으로 항로를 바꾸어 가고 있었다.

선장은 항해 경로 중에서 안전상 취약한 곳을 통과할 때 조타실에서 직접 운항을 지시하여야 한다. 항구를 입출항할 때나 좁은 수로를 지날 때, 안전상 필요한 때 등이다. 이때 이준석 선장은 조타실에 없었다. 맹골수도 중간 부분을 통과할 즈음 조타실을 이미 떠난 상태였다.

3등항해사 박○○은 입사한 지 4개월 된 신참이었고, 불과 스물다섯 살이었다. 그녀는 제주도에서 인천으로 항해하면서 맹골수도를 통과한 경험이 있었다. 하지만, 인천에서 제주도로 항해하는 배를 타고 맹골수도를 통과하는 것은 당시가 처음이었다.

▶ **4월 16일 아침 8시 48분경**

조금 전에 지시한 대로 항로가 변경되었음을 확인한 3등항해사는 조타수에게 우현으로 추가로 변경하도록 지시했다. 지시한 지 수 초가 흘렀다. 당직 조타수가 타가 이상하다고 소리쳤다. 순간 배가 좌현으로 심하게 기울어지기 시작했다. 뱃머리는 우측으로 많이 돌아가고 있었다. 당황한 3등항해사는 타를 좌현으로 사용할 것을 다급하게 지시했다. 그러나 배는 빠르게 우현으로 회전하였다. 선체는 점점 좌현으로 기울어 갔다.

▲ 침몰하고 있는 세월호

▶ 4월 16일 아침 8시 50분경

배는 계속하여 우현으로 돌아갔다. 동시에 선체가 좌현으로 기울어지는 정도는 점점 심해졌다. 이로 인하여 화물창 안의 화물이 쏠리면서 '쿵' 하는 소리가 났다. 뱃머리 갑판에 실어 놓은 컨테이너가 바다로 떨어졌다. 이제 선체가 복원하여 제자리로 돌아오는 것을 기대하기는 어려웠다. 당시 조타실에는 3등항해사 박○○, 당직 조타수 조○○ 그리고 기관장 박○○이 있었다.

부실하게 고박된 컨테이너나 화물이 좌현으로 쏠리면서 넘어졌다. 경사가 더 진행되어 수밀갑판인 1층 갑판이 해수면 아래로 잠기게 되면서 선체의 뚫린 부분이나 선미 램프 틈을 통하여 바닷물이 화물창 안으로 유입되기 시작했다.

▶ 4월 16일 아침 9시 34분경

배는 4층(A갑판) 좌현이 수면에 닿을 정도인 약 52.2도로 기울어졌고, 9시 46분경 5층(상갑판)이 수면에 닿을 정도인 약 61.2도까지 기울어졌으며, 10시 10분경 약 77.9도로 기울어졌다.

▶ 4월 16일 아침 10시 25분경

배는 좌현으로 계속 기울어졌고, 선체 옆 공간을 통하여 바닷물이 들어왔다. 좌현이 바닷속으로 잠기면서 배 안으로 물이 들어왔다. 물이 들어오면서 배 안의 공간에 있던 공기가 점점 빠져나갔다. 결국 4월 16일 10시 25분경 배가 완전히 전복되었다. 이후 10시 31분경 둥근 뱃머리 부분인 구상선수만 남긴 채 선체가 수면 밑으로 가라앉았다.

▶ 4월 18일 낮 12시 57분경

배는 뱃머리만 수면 위로 드러낸 채 조류에 따라 표류했다. 사흘간 그 상태로 있었다. 4월 18일 12시 57분경 뱃머리마저 바닷속으로 침몰했다. 전남 진도군 병풍도 북동방 약 3.1마일 해상이었다. 사고 당시 기상은 양호했다. 바람은 남서풍이 초속 4~7미터로 불었고, 파고는 0.5미터, 수온은 섭씨 약 12.6도였으며, 시정은 좋았다.

8.
구조의 골든 타임

구조의 골든 타임

그 배가 기울어지기 시작하여 침몰하기까지 걸린 시간은 불과 1시간 40여 분이었다. 처음 복원력을 잃고 기울기 시작하여 30도, 50도, 60도로 기울어졌다. 이후 뱃머리만 남기고 물속으로 침몰하였다. 현실적으로 생존 상태로 승객을 구조할 수 있는 기회는 배가 기울어지기 시작한 때부터 침몰 직전까지였다.

세월호처럼 거대한 배가 침몰한 이후, 가라앉은 배에서 생존자를 구출하는 것은 극히 어려운 작업이었다. 특이하게도 그 배는 기울기 시작하여 전복되기까지 시간이 매우 짧았다. 애초에 배가 잘못 만들어졌고, 띄우지 말았어야 할 배이기 때문이었다. 그렇더라도 선장과 선원의 대처에 따라서는 많은 승객을 구할 수도 있었다. 하지만 선장을 비롯한 선원들의 대응은 이상하리만치 상식적인 수준을 벗어나 있었다. 선내에 승객을 두고 모두 탈출한 것이나, 탈출하는 순간까지 자리에서 움직이지 말라는 선내 방송을 한 것은 도저히 이해할 수 없는 부분이었다.

한편, 선체 외부에서 배 안에 있던 많은 사람을 구조하는 것은 근본적인 한계가 있었다. 당시 승객은 대부분 3층, 4층에 밀집된 상태로 방송에 따라 대기 중이었다. 조타실이 있는 5층에는 선원들이 있었다. 이미 50도가 넘게 기울어진 상태에서 선내 승객이 선체 밖으로 나와 있는 상태가 아니라면 구조는 쉽지 않았을 것이다. 심지어 기울어진 우현 측 난간에 나와 있던 승객조차 거기서 바다로 뛰어내리기 힘들었을 것이다.

당시 도착해 있던 해경 헬기나 해경 123정 그리고 민간 선박이 배 안에 갇혀 있는 승객을 대규모로 구하는 것은 사실상 어려웠다. 선내에 있던 승객들이 배 밖으로 나와야만 했다. 수백 명의 승객이 기울어지는 좌현 난간을 통해 바다로 뛰어들거나, 3, 4, 5층 우현 난간으로 나와 있었다면 구조될 수 있었을 것이다. 그것도 배가 심하게 기울어진 이후에는 좌현 3, 4층 난간은 빠르게 물에 잠겼기 때문에 그쪽으로 탈출은 불가능한 상태였다.

일반적인 사고 상황에서, 배가 조금 기울어진다고 해서 바로 외부로 탈출을 유도하지 않는다. 성급히 바다로 뛰어들면, 파도에 휩쓸리거나 저체온증으로 생명을 잃을 수 있기 때문이다. 승객이 바다로 뛰어드는 경우는 최후의 선택이며, 이것을 판단하는 것은 법령에 명시되어 있듯이 그 배의 선장 몫이다. 선내에 남아 있거나 탈출하거나 어느 선택도 위험한 상황에서 선체 밖으로 승객을 탈출시킬지는 현장에서 선박 운항을 책임지는 선장만이 할 수 있다. 선장만이 배의 전복 여부와 바다의 위험 상태를 직접 눈으로 보고 신중하게 결정할 수 있기 때문이다.

　승객을 배 밖으로 나오도록 유도하는 것은 세월호 선내 방송이나 헬기나 123정의 대공 방송으로 가능했을 수도 있었다. 하지만 세월호 선내 방송은 탈출 유도보다 오히려 자리를 지키도록 했다. 헬기나 123정 대공 방송을 했더라도 선체가 50도 넘게 기울어진 상황에서 3, 4층에 머물던 승객에게까지 전달될 수 있었을까? 헬기의 하강풍 소리나 구조 선박들의 엔진 소리, 승객의 아우성으로 인하여 내부까지 전달될 것인가는 의문으로 남는다. 더구나 자리를 이탈하지 말라는 선내 방송이 반복적으로 전달된 상황이었고, 선내는 이미 아수라장이 된 이후였다.

　침몰 이후에 물속에 가라앉은 거대한 배 안으로 들어가 생존자를 구한다는 것은 기적이 함께하지 않으면 어려운 일이었다. 더구나 심해잠수에 필요한 전문적인 장비가 준비되지 않는 상황에서 더욱 그렇다. 공기통을 메는 스쿠버 방식(SCUBA)으로 조류가 빠른 맹골 바다에서 생존한 승객을 구하기는 현실적으로 역부족이었다.

▲ 구상선수만 남기고 침몰한 세월호

심해잠수를 위해서는 잠수 바지선과 크레인 등 대형 장비가 필수적이다. 잠수 방식도 스쿠버 방식이 아닌 표면 공급 방식(SSDS)으로 해야 했다. 또 심한 조류를 극복하고 선체까지 내려가려면 잠수 바지와 침몰 선체를 연결하는 가이드라인 설치가 우선이었다. 더욱이 조류가 빠르고 수중 시야가 나오지 않는 곳에서 작업 경험이 있는 심해잠수사가 필요했다.

이 모든 것을 준비하는 데 시간이 걸릴 뿐 아니라, 준비가 되었다 하더라도 무엇 하나 장담할 수 없는 곳이 바다였다. 하지만 타들어 가는 속은, 미어지는 가슴은 이런 것을 생각하고 기다릴 수 있는 여유가 없었다. 무엇이든 시도해야만 했고, 지푸라기라도 잡아야 했다. 수백의 생명이 분초를 다투고 있기 때문이었다.

사람들이 '골든 타임'이라는 말을 사용하기 시작한 것은 그 무렵이었다. 나는 그때까지 '골든 타임'이라는 용어가 있었는지도 몰랐다. 그때 만들어진 조어일 수도 있다. 대부분의 사고에서 구조의 골든 타임은 침몰 이전이었다. 내가 말하는 구조는 생존자를 구하는 것을 의미한다. 조난자를 생존한 상태로 구해 내는 것이 진정한 의미의 구조이며, 시신을 거두는 것은 엄밀히 말하면 구조보다는 구난에 가깝다.

수상구조법에 '구조'를 조난을 당한 사람을 구출하여 응급조치 또는 그 밖의 필요한 것을 제공하고 안전한 장소로 인도하기 위한 활동이라 하고 있다. '구난'은 조난을 당한 선박 등 또는 그 밖의 다른 재산에 관한 원조를 위하여 행하여진 행위 또는 활동이라 하고 있다.

쉽게 말하면, 구조는 조난당한 사람을 구출하는 행위이고, 구난은 조난당한 선박 등을 인양하는 행위를 말한다.

　나는 여기서 용어를 다투자는 것이 아니다. 내가 말하고자 하는 것은 그만큼 생존 상태로 사람을 구하는 것이 중요하다는 것을 말하고 싶은 것이다. 생존 상태로 사람을 구하는 것은 배가 침몰한 이후가 아니라 배가 침몰하기 전에 해야 한다.

의문점

　침몰 직후 구조와 관련하여 여러 의문점이 아직도 남아 있다. 해경은 배에 다수의 승객이 고립되어 있다는 것을 언제 알았는지, 해경 123정이 대공 방송을 통해 승객들에게 탈출을 유도하였는지, 해경 구조대는 왜 늑장 출동을 하였는지, 사고 직후 수중 구조를 위한 잠수 작업이 왜 더디게 진행되었는지, 출동했던 해경 헬기는 선내 승객을 구할 수 있었는지 등이다.

　그런데 다른 의문점은 대부분 되짚어 보면 합리적으로 풀릴 수 있는 것들이었다. 이에 대해선 차차 이야기해 보도록 하겠다. 개인적으로 볼 때, 지금도 풀리지 않는 큰 의문점이 있다.

　"왜 이준석 선장이나 선원들은 세월호 침몰을 예견하고 배에서 탈출하면서 마지막까지 선내 방송을 통해 승객들에게 탈출하라는 지시를 하지 않았을까?"

조타실에 근무하는 항해부 선원이나 기관실에 근무하는 기관부 선원은 배가 곧 전복되리라는 사실을 미리 알았다. 세월호가 처음 복원력을 잃던 그 시각에 기관장은 조타실에 있었다. 8시 55분경 조타실에 있던 기관장은 선내 전화를 통하여 기관부로 연락했고, 기관부 선원을 기관실 밖으로 나오도록 하였다. 9시 39분경 기관장을 비롯한 기관부 6명은 선원 객실 통로에서 합류한 뒤 세월호를 탈출했다.

9시 25분경 이준석 선장 등은 진도 연안 선박교통관제센터로부터 '선장님이 판단하셔서 여객을 탈출시켜라'라는 취지의 지시를 받고도 조치를 하지 않았다. 9시 48분경 조타실에 머물고 있던 선장 이준석 등 갑판부 선원 7명은 해경 123 경비정을 통하여 퇴선했다. 9시 50분경 승무원 강 모 씨는 승객들이 선내에 머물도록 선내 방송을 마지막으로 한 뒤 10시 30분경 탈출했다.

선원법에 따르면 배와 승객의 안전에 관한 한 전적으로 선장에게 책임이 있다. 그러므로 선장의 지시에 따라 행동해야 한다. 선내 방송도 마찬가지였다. 본인이 탈출할 만큼 침몰이 확실하다고 판단되었다면 선장이 선내 방송으로 탈출을 유도했어야 했다. 하지만, 선장은 제 목숨만 구하기 위해 이미 탈출하였다.
  그렇다면 남아 있던 선원이라도 탈출 방송을 했어야 했음에도 그러지 않았다. 선장이 이미 탈출하였고 침몰이 확실한 상황에서 선내에 머물도록 방송을 하고 그대로 탈출한 것은 도저히 이해되지 않는다. 이 부분은 여전히 풀리지 않는 의문과 아쉬움으로 남아 있다.

▲ 침몰 직후 세월호 모습

6분 만에 탈출이 가능했다?

　선내 방송만 있었다면 6분 만에 탈출할 수 있었다는 시뮬레이션 결과가 있었다. 2014년 9월 24일 다수 언론에 보도된 기사였다. 재판 과정에서 공개된 이 시뮬레이션 결과가 현실적으로 가능할까? 국민 대부분은 전문가의 시뮬레이션 결과를 믿을 수밖에 없다. 단순히 '퇴선 명령을 했다면 6분 만에 탈출할 수 있었구나!'라고 생각하며, 안타까움과 함께 구조 당국을 비난하게 되는 것이다. 내용을 더 들여다보자.

"세월호 59도 기울더라도 6분 만에 모두 탈출 가능했다"
전문가 시뮬레이션 법정 공개(2014년 9월 24일 《한겨레》 등)

4월 16일 오전 세월호가 59.1도까지 기운 상황에서도 선원들의 적절한 퇴선 안내만 있었더라면 승선자 476명이 모두 6분여 만에 바다로 탈출할 수 있었다는 시뮬레이션 결과가 공개됐다.

24일 광주지법 형사11부 심리로 열린 세월호 선원들에 대한 공판에 증인으로 나온 박○○ 가천대 초고층방재융합연구소장은 "세월호가 심하게 기운 상태에서도 적절한 퇴선 명령과 훈련받은 선원들의 안내가 있었다면 승선원 모두가 바다로 뛰어내려 탈출할 수 있었다."라고 밝혔다.

박 소장은 정상적으로 퇴선 명령이 내려졌을 경우를 세 가지 시나리오로 나눠 분석한 탈출 시뮬레이션 결과를 제시했다.

첫째로, 선장 및 선원이 오전 8시 50분 배가 왼쪽으로 30도가량 기운 상태에서 퇴선 명령을 했다면 승선자 모두가 5분 5초 만에 좌현 3층 갑판을 통해 탈출할 수 있는 것으로 나타났다.

둘째는 오전 9시 24분 9초께 배는 52.2도 정도 왼쪽으로 기운 상태였지만, 모든 승선자가 3층 갑판을 통해 탈출하는 데 필요한 시간은 9분 28초로 예측됐다.

셋째로, 오전 9시 45분 37초 조타실에 있던 선원들이 탈출하면서 퇴선 명령을 했다면 좌현으로 59.1도 기운 세월호를 모든 승선자가 빠져나오는 데 6분 17초가 걸리는 것으로 나왔다.

위 실험의 객관성이나 정확성에 대해서 알 수 없다. 하지만 바다라는 거친 현장에서 배에 대해 잘 모르는 일반 승객이, 기울어져 가는 혼란스러운 상황에서, 이렇게 짧은 시간에 배를 탈출할 수 있었을까? 시뮬레이션 결과의 현실성에 의문을 품을 수밖에 없다.

첫 번째 가정에서, 배가 왼쪽으로 30도가량 기운 상태에서 퇴선 명령을 했다면 승선자 모두가 5분 5초 만에 좌현 3층 갑판을 통해 탈출할 수 있다? 승객은 3층과 4층에 대부분 대기하고 있었으며, 기울어진 배에서 한꺼번에 3층으로 갑판으로 모이는 데 시간이 많이 걸릴 것이다. 혼란스러운 상황에서 일사분란하게 움직인다는 것은 가정하기 어렵다. 대부분이 3층으로 갑판에 나왔다 하더라도 퍼런 파도로 뛰어드는 것은 쉬운 일이 아니다. 실제 갑판에서 수면까지 1~2미터만 되어도 공포심 때문에 바다로 뛰어들기가 힘들다. 400여 명이 뛰어드는 것도 많은 시간이 걸렸을 것이다. 지나치게 비현실적이고 희망적인 가정이 대부분이다.

세 번째 가정에서, 오전 9시 45분 37초 조타실에 있던 선원들이 탈출하면서 퇴선 명령을 했다면 좌현으로 59.1도 기운 세월호를 모든 승선자가 빠져나오는 데 6분 17초가 걸린다? 실험에서 이렇게 짧은 시간이 걸리는 것은 가장 많은 승선원이 몰려 있던 4층에서 곧바로 좌현 갑판으로 나가면 바다에 뛰어들기가 쉬운 상황이 되기 때문이라고 설명했다.

이 결과는 극히 비현실적으로 보인다. 배가 59도 기울어지면 더 이상 층간 이동이나 계단을 이용한 이동이 불가능한 상태다. 이미 배의 여러 곳에 물이 차고 있었다. 3층은 이미 좌현이 물에 잠기고 있는 상태였다. 그렇다면 그 시간대 3층에 있던 많은 승객이 4층으로 어떻게 이동한다는 것인가? 아파트 10층 건물이 통째로 좌측으로 59도가 기울어졌는데 과연 걸어서 층간을 이동할 수 있을까?

시뮬레이션 결과처럼 전복 과정에서 퇴선 명령을 했다면 얼마나 좋았을까? 그리고 정말로 시뮬레이션 결과처럼 모두 빠져나올 수 있었다면 더할 나위 없었을 것이다. 만약 퇴선 명령을 했다면 승객 일부는 빠져나올 수는 있었을 것이다. 하지만 6분 만에 모두 탈출할 수 있었다는 식의 이야기는 극히 비현실적이다. 바다 현실을 접하지 않는 국민은 이런 식의 이야기를 사실처럼 받아들일 수 있다. 그래서 이후에 사고가 나더라도 퇴선 명령만 하면 수백 명이 몇 분 만에 배에서 탈출할 수 있다고 믿게 된다.

우리가 바다를 접할 때 현실적으로 접근해야 한다. 슬픔이나 고통이 있더라고 현실을 이야기해야 한다. 많은 사람이 바라는 희망과 기대만을 이야기한다고 해서 현실이 그렇게 되지 않는다. 바다는 그리 만만한 곳이 아니다.

9.
애타는 심정, 갖가지 구조 방법

절규로 가득 찬 팽목항

4월 16일 오전 10시 31분.

그 배가 뱃머리만 남기고 물속으로 가라앉은 시각이다. 그 시각 좌현은 완전히 물에 잠겨 버렸다. 배는 마지막 남은 선체 내부 공기를 거칠게 내뿜었다. 동시에 '구상선수'라 부르는 뱃머리만을 남긴 채 선체는 물속으로 사라졌다. 좌현을 바닥 쪽으로 하여 선미가 해저에 닿았지만, 뱃머리는 수면 위로 떠 있는 상태였다. 마치 수면을 잡고 턱걸이하듯이 힘겹게 고개를 내밀고 있었다.

팽목항과 진도군실내체육관에서 지켜보던 실종자 가족 심정은 이루 말할 수가 없었다. 현장에 있던 잠수사, 자원봉사자나 지켜보는 국민도 애가 닳기는 마찬가지였다. 이 모든 것이 방송을 통해 생중계되었다. 바다에서 재난 상황이 실시간으로 생중계되는 것도 초유의 일이었다. 이를 지켜보는 국민이 집단적으로 충격을 받은 것도 초유의 일이었다. 더구나 승선한 승객의 대부분이 어린 학생들이었기 때문에 누구나 구하지 못했다는 안타까움과 자괴감에 휩싸였다.

▲ 실종자 가족이 생활하던 진도군실내체육관 전경

4월 16일 11시 55분.

침몰에 대비하여 침몰 지점을 식별하기 위한 식별 부이를 설치했다. 그 이후에도 세월호 선체는 조류에 밀려 조금씩 이동하면서 4월 18일까지 3일간 가라앉지 않았다.

시간이 흐르고 있었다. 배 안에서 구조를 기다리는 아이들을 생각하면 속이 타들어 갔다. 무슨 짓이라도 해서 아이들을 구해야 했지만, 무엇을 어떻게 해야 할지 몰랐다. 혹시나 하는 심정으로 방송을 보면서 절규할 뿐이었다. 사고 대책본부도 뚜렷한 구조 방법을 제시하지 못했다.

애끓는 심정, 갖가지 구조 방법

이후 며칠 동안 다양한 구조 방법이 제시되었다.

어떻게든 뱃머리가 물속으로 가라앉기 전에 구조해야만 한다는 내용이었다. 이론적으로 실현 가능한 방법도 있었고, 실현 불가능한 것도 있었다. 갑작스럽게 일어난 생소한 사고 앞에서 지푸라기라도 잡는 심정이었다. 누구나 절박하기는 마찬가지였다. 생각할 수 있는 모든 방법이 제안되었다.

이 방송 저 방송에 소위 전문가라는 사람들이 출연했다. 본인의 경험과 지식을 바탕으로 구조 방법을 이야기했다. 이를 보는 국민은 방송에 출연하는 패널의 말을 말하는 그대로 대부분 믿었다. 하지만 그런 방법들이 현장에서 실행될 수 있느냐는 것은 또 다른 문제였다.

▲ 구조 바지선에서 야간 수색

시간이 촉박했고, 제안하는 방법대로 실현시킬 만한 구조 장비가 준비되지 않았다. 바다는 특수한 장비 없이 구조 작업을 할 만큼 호락호락한 곳이 아니다. 이론적으로 가능한 방법도 당장 현실 앞에서는 무기력했다. 당장 가라앉고 있는 배를 앞에 두고 무엇 하나 실천하지 못했다. 결국 비난의 화살은 구조 당국인 해경으로 향했다.

해양경찰청 홈페이지에 구조에 관한 수많은 댓글이 올라왔다. 당시 해양경찰청 홈페이지에 올라왔던 댓글은 국민의 절박함을 그대로 보여 주었다.

댓글 중 일부를 그대로 옮겨 보았다.

먼저, 사고 해역의 조류를 극복하는 방법이 제시되었다. 빠른 유속을 극복하고 선내에 진입하기 위해서 주위에 대형 배를 정박시키거나 사다리를 만들어 타고 내려가자는 의견이었다.

문 ○ ○	세월호 구조 방법 제안 (2014-04-17)	TV를 보다가 당연히 시도를 했을 법도 하지만, 혹시 몰라 글을 띄워 봅니다. 지금 문제는 잠수부 인력이 빠른 유속으로 인하여 선내 진입이 안 되는 것이 가장 큰 문제로 보입니다. 이를 위해서, 주변에 유조선 등 대형 배를 몇 척 주변에 정박시켜, 유속의 빠름을 완화시키고 잠수부가 잠수 선내에 접근하는 방법은 어떤지요? 안 해 보셨다면 한번 꼭 해 보면 어떨까 합니다.
고 ○ ○	세월호 관련, 유속 지연 위해 (2014-04-17)	현재 유속이 빨라 잠수부들 접근이 애를 먹고 있는데 기존 방법대로 진행을 하면서도 독도함 등 대형 함선을 세월호 근처 유속 진행 방향에 정박시켜 유속을 완화하는 응급조치가 필요해 보입니다. 독도함은 199m 길이에 13,000톤급이라 세월호 두 배 규모이고, 미국이 적극적인 협조 의사를 밝힌 만큼 가장 가까운 거리에 위치한 항공모함 지원을 받아 같은 방식으로 유속을 지연시키는 데 활용하면 좋겠습니다. 항공모함은 보통 330m 선체에 10만 톤급 규모라 유속을 지연시키는 데 일부나마 도움을 줄 것 같습니다.

세월호를 이동시키자는 방법도 제안했다. 사고 해역이 유속이 너무 빠르니, 뱃머리를 크레인으로 잡거나 다른 배를 이용하여 수심이 낮은 곳으로 이동시키자는 의견이었다.

김 ○ ○	진도 세월호 침몰 사고 구조 작업 관련 제안입니다. (2014-04-17)	지금 현재 시간 17일 오후 4시경입니다. 아직도 내부 수색을 못 하고 있는 상황이군요. 세월호를 가만히 두고 있지 말고, 군함이나 고속정 등을 이용하여 수심이 낮은 곳으로 살살 끌고 뒤에서 밀고 해서 이동한 다음 잠수부를 투입하고 인명 구조를 하는 게 어떠십니까? 이건 뭐 구조 진척도 없이 시간만 흘러가는 것 같아 보기 안 좋습니다. 뱃머리에 와이어 결착해서 여러 대의 배로 수심이 낮은 곳으로 세월호를 이동시키세요. 구조가 빨라질 것입니다. 그 지역에 수심이 낮은 곳으로 이동만 시켜 놓아도 구조 작업은 쉬워질 것입니다. 시도해 보세요. 초기 구조 시기에 그리했어야 하는데 시간이 좀 지났지만 지금도 늦지 않았어요. 좋은 결과를 기대해 봅니다.
한 ○ ○	여객선 수평 이동 (2014-04-19)	안녕하세요, 좁은 소견이나마 안타까워 문의드립니다. 고속 도로에서 차량 사고 시 갓길로 유도하여 처리하듯이 사고 지역이 파도 및 유속이 심하다면, 그 유속을 이용하여 사고 여객선에 크레인을 걸고 그 크레인 및 동력선, 대기하고 있는 대형 함선을 이용하여 현재 작업이 어려운 장소에서 작업이 용이한 지역으로 수평 이동시키는 건 어떨까 하는 생각이 듭니다. 아마도 사고 유람선에서 느끼는 것이 저속 수평 이동 수준이니 생존자에게도 큰 위해가 되지 않을 것이며, 바닥이 펄이라면 충격 완화 역할도 가능할 테니 그나마 단시간에 활용 가능한 방법이지 않을까 하여 안타까운 국민 한 사람으로서 조심스레 말씀드려 봅니다. 또한 물길을 거스르지 않고 배를 인양하던 우리 선조님들의 지혜이기도 하구요.

아슬아슬하게 떠 있던 세월호 선수에 구멍을 뚫어 선체에 진입하자는 의견도 올라왔다. 크레인으로 뱃머리를 가라앉지 않게 잡고 선수에 구멍을 뚫고 그곳으로 진입하면 구조가 가능하다는 의견이었다.

오 ○ ○ ○	세월호 잠수부 접근이 아닌 다른 방법 (2014-04-18)	세월호 사고 소식을 보면서 너무 안타까워하다 다른 방법이 없을까 생각해 봤습니다. 오늘 도착할 크레인 3척으로는 배를 인양하는 데 어려움이 있다고 들었습니다. 크레인으로 배 전체를 인양하는 데 초점을 맞출 것이 아니라, 부력으로 떠 있는 부분을 크레인 3개에 달아 그 부분이 가라앉지 않도록 한 후, 떠 있는 부분에 구멍을 뚫으면 선체 진입이 가능하고 안에 있는 사람들을 구할 수 있을 거라는 생각이 들었습니다. 크레인 3개로 배 전체를 들어 올리지는 못하겠지만, 부력으로 떠 있는 부분이 가라앉지 않는 정도로는 충분히 가능할 것 같습니다. 그리고 상부에 구멍을 뚫으면 안에 있는 분들이 주변 조류에 휩쓸리지 않고 배 안에서 움직여 밖으로 나올 수 있기 때문에 최선의 방법이지 않을까 생각합니다. 지금까지 잠수부분들이 선체에 다가가는 것조차 쉽지 않았다면, 앞으로도 쉽지 않을 것 같아 빨리 다른 방법을 강구해야 한다고 생각합니다. 안에 있는 분들이 부디 한시라도 빨리 구조되어 가족들을 만나 웃길 바랍니다. 부디 이 방법 고려해 주시기 바랍니다. 꼭 전해 주세요!

배를 직접 끌어 올리는 방법도 제시되었다. 뱃머리가 떠 있으므로 배 밑으로 도크를 집어넣어서 부양시킬 수 있다는 의견이었다.

강 ○ ○	침몰 배를 부양시키는 방법 제안합니다. (2014-04-18)	항해사로 10년 이상 세계 여러 국제 항해를 경험한 사람입니다. dock(도크)를 가져다 어느 정도 가라앉혀 머리쪽으로부터 뒤로 집어넣은 다음 펌프질하여 부양시키면 배를 끌어 올릴 수 있습니다. 바다 밑에 가라앉은 배는 이 방법이 불가하나 현재 머리쪽이 떠 있기 때문에 가능합니다. 빨리 이 방법을 쓰시면 좋겠습니다. 크레인 방법 등은 너무 힘들고 어렵습니다. 이 방법이 가장 빠르고 좋은 방법으로 사료되니 빨리 사용하시면 좋겠습니다. 도크는 조선소 등에서 많이 사용합니다. 목포 삼호 조선소 등이나 기타 가까운 조선소 등에 있지 않을까 생각됩니다.

뱃머리가 가라앉기 전에 뱃머리를 붙잡아 두자는 의견도 있었다.

공기 주입과 함께 뱃머리에 보트 등을 연결하여 부양력을 살리자는 의견이었다.

| 손
○
○ | 꼭 참고해주세요
배 침몰 방지.
배 안 공기가 더
빠져 침몰되면
다 끝입니다.
(2014-04-17) | 천안함 폭침 시 선체 안으로 공기 주입을 제안했던 자입니다. 현재 선수 끝 극히 일부분만 나와 있는 상황에서 구조 선박은 언제 도착해 작업에 착수할지 모르고 조금만 공기가 더 빠져 완전 침몰한다면 침몰 과정에서 그나마 남아 있는 선체격실 내부 공기가 소멸되어 혹여 남아 있을 인명은 더욱 가능성이 없을 뿐더러 선체 인양에도 훨씬 큰 어려움이 예상되므로 에어 주입은 물론 선수 머리에 나 있는 구멍으로 밧줄을 걸어 고무보트라도 여러 개 묶어(선체 크기에 비해 고무보트가 조그마하더라도 물속에 있는 배는 그만큼 가벼움) 완전 침수라도 일단 막아 더 이상의 사태 악화를 막아야 할 것입니다. 속히 구조 관계자에게 알려 주시기 바랍니다. |

이러한 방법들이 과연 현실적으로 가능했을까? 이론적으로 대부분 가능한 방법들이었다. 시간적 제약, 2차 위험 예측, 선내 고립된 승객의 안전 등을 극복할 수 있다면….

여러 가지 방법은 대부분 시도되지 못했다. 문제는 실행 가능성이었다. 현장의 기상과 조류가 그걸 가능하게 하느냐였다. 촉박한 시간도 문제였다. 안정적으로 다이빙을 할 수 있는 잠수 바지선이 있어야 했다. 무엇보다도 어떤 구조 방법이든 결과를 장담할 수 없는 상황에서 실행에 옮기는 것이 쉽지 않았다.

희망이 절망으로

시간이 지날수록 희망은 절망으로 바뀌고 있었다.

그 배는 끝내 맹골 바다 속으로 가라앉았다. 뱃머리와 함께 떠 있던 희망도 사라져 가는 순간이었다. 뱃머리가 떠 있을 때는 선내에 승객이 살아 있다는 확신이 들었다. 그리고 구조 당국이 어떤 방법을 써서라도 구조할 수 있으리라 믿었다. 막연하지만 희망이 있었고 그래서 절망하지 않았다.

하지만 뱃머리가 수면 아래로 사라지며 절망이 엄습했다. 수시로 사고 대책본부 회의가 이어졌지만 당장 뾰족한 묘안이 없었다. 구조 방법에 관한 여러 가지 의견이 있었지만, 방법을 선택하고 실행하는 것은 쉽지 않았다.

현장에서는 스쿠버 방식으로 선체에 접근을 시도했다. 하지만 가이드라인조차 설치되지 않은 상황에서 스쿠버 잠수로 선내에 진입하는 것은 현실적으로 가능성이 낮았다. 선내 어딘가에 있을 생존자 호흡을 돕기 위한 선체 공기 주입도 진행했다. 하지만 이것도 선내 생존자 위치나 상태를 모르는 상황에서 생존을 돕기 위한 작업일 뿐이었다. 바다 현장은 간절한 희망이나 믿음만으로 움직여 주는 곳이 아니었다.

흐린 바닷물, 거센 조류, 거친 바람은 객관적 사실이었고, 사람이 극복해야 하는 것들이었다.

10.
세월호 대변인이 되다

갑자기 맡게 된 생방송 브리핑

내가 진도 현장에 도착한 것은 4월 17일 저녁쯤이었다.

해경 지휘부 중에서 가장 늦게였다. 당초 내가 진도군청에 간 것은 사고 대책본부 대변인 업무를 하려던 것이 아니었다. 처음 임무는 사고 대책본부에서 구조 현장 상황을 보고하고 대책을 마련하는 거였다. 군청에 도착하자마자 현장 상황을 파악하고 관련 대책 회의에 참석했다. 다음 날인 4월 18일 아침에도 밤새 구조 상황을 파악해서 대책 회의를 했다.

그런데 어떻게 내가 세월호 대변인 업무를 맡게 되었을까? 사고가 있었던 4월 16일부터 정규 방송이 중단되었다. 모든 언론이 24시간 세월호 사고 관련 사항을 뉴스로 내보냈다. 방송 사상 초유의 일이었을 것이다. 온 국민의 귀는 방송에 집중되었다. 구조 관련 언론 브리핑은 아침 10시와 저녁 5시에 진행되었다.

첫날과 둘째 날 사고 관련 언론 브리핑은 서해지방해양경찰청장이 했었다. 그 지역 지휘관으로서 사고를 수습하는 위치였기 때문이었다. 해양경찰청 대변인도 있었다. 그 외에도 직책상 사고 대변인을 맡을 간부는 여럿 있었다. 장비기술국장이었던 내가 언론 브리핑을 하게 될 줄은 나 자신을 포함하여 아무도 몰랐다.

4월 18일 아침이었다. 사고 대책본부 아침 회의를 마치고 숨을 돌리고 있었다. 김 경장이 대책본부에서 나를 찾는다고 했다. 서둘러 2층 대책본부로 향했다. 나를 찾는 이유는 그날 오전 언론 브리핑을 하라는 것이었다. 이미 예정 시간인 10시가 다가오고 있었고, 취재진이 강당을 가득 메우고 있었다. 온 국민이 대책본부의 브리핑 시간을 기다리고 있었다.

나는 눈앞이 캄캄해졌다. 태어나 생방송은커녕 방송에 출연한 적도 없었다. 그날 브리핑 예정이었던 서해지방해양경찰청장이 팽목항에서 진도군청으로 올 수 없는 사유가 생겼다는 사실은 나중에야 알았다. 누구든 대신할 사람을 구해야 했다. 진도군청에 해경 국장급 간부는 내가 유일했다. 정해진 숙명은 그렇게 예정되어 있었다.

강당에 들어갔다. 강당은 취재진으로 가득 차 있었다. 사고 직후 무거운 공기와 취재 열기가 묘하게 뒤섞여 있었다. 구석에 서서 10시가 되기를 기다렸다. 강당 중앙 복도에는 카메라 수십 대가 방풍목처럼 세워져 있었다. 고개를 들어 앞쪽 연단을 바라보았다. 텅 빈 연단 중간에 연설용 탁자가 덩그러니 놓여 있었다. 그 위로 방송사 마이크가 덕지덕지 엉겨 붙은 마이크 한 대가 유독 눈에 들어왔다. 시야에 들어오는 모든 광경이 나를 압도하고도 남았다. 초조하고 불안했다.

▲ 언론 브리핑을 대기 중인 필자

드디어 10시가 되었다. 긴장되고 절박한 순간이었다. 내가 이 공간이 아닌 다른 곳에 있다면 얼마나 좋을까? 그곳에서 도망치고 싶은 심정이었다. 나는 심호흡을 깊게 쉬었다. 연단을 향해 한 발짝씩 떼었다. 무심코 나 자신에게 중얼거렸다.

"있는 그대로만 이야기하자. 여기 있는 누구보다 내가 현장을 잘 알고 있다. 나 자신을 믿어 보자."

연단에 올라 브리핑 자료를 읽어 내려갔다. 수많은 취재진 눈동자가 나를 응시하고 있었다. 내 모습이 TV를 통해 실시간 방송되었다. 온 국민이 내 입만 바라보며 귀를 기울였다. 나는 실험실 속 생쥐가 된 기분이었다. 종이에 적힌 문안대로 읽기만 했다. 내가 아닌 다른 사람 목소리가 허공으로 굴러떨어지는 듯했다. 불빛 너머에 아우성치는 취재진이 어른거렸다. 이마에 땀방울이 번지고 있었다. 뜨겁고

2부 블랙 스완이 나타나다

눈부신 카메라 불빛 속에서 정신이 혼미해져 갔다.

▲ 필자가 언론 브리핑 중인 모습

사고 대책본부 대변인이 되다

그날 브리핑은 아무 생각이 없었다. 그 시간을 무사히 마치자는 생각뿐이었다. 하지만 그것으로 끝이 아니었다. 시작에 불과했다. 내가 이후의 언론 브리핑을 전담하라는 지시가 갑자기 떨어졌다. 예정에 없던 범정부 사고대책본부 대변인이 되었다. 당시 브리핑 자료에 4월 18일부터 20일까지 "해양경찰청 장비기술국장입니다."라고 적혀 있고, 21일부터는 "범정부 사고대책본부 대변인 고명석입니다."라고 되어 있다. 그러니까 21일부터 공식적인 세월호 대변인이 된 것이었다.

하루 두 번 생방송 언론 브리핑을 했다. 하루에도 30~40명의 희생자 시신을 수습하던 초기였다. 모든 정규 방송이 중단되었고, 전 국민의 이목이 구조 브리핑에 집중되었다. 진도군청에는 각 언론사 경력 기자가 이끄는 특별취재팀이 상주했다. 공식적인 통계는 없으나, 당시 진도를 방문했던 취재진은 수백 명이 족히 넘었던 것으로 기억되었다.

진도군청 대강당 400석은 언론사 특별취재팀 기자로 꽉 찼다. 강당 중간에 연단을 향해 설치된 카메라는 족히 40여 대 이상은 되었다. 브리퍼 입장에서 보면, 특히 조명이 문제였다. 카메라 기자들은 조명을 '카메라 마사지'라 불렀다. 도대체 누가 카메라로 마사지를 받고 싶어 한다는 말인가? 수십 개 조명이 '퍽퍽' 소리를 내며 켜지면 그 밝기로 인해 눈을 뜨기조차 어려웠고, 열기로 인해 얼굴이 화끈거렸다. 브리핑 자료를 읽어 내려갈 때는 앞자리에 앉은 취재진 얼굴을 알아보기조차 힘들었다. 이것은 방송 화면을 위한 연출이었고, 좋은 그림을 잡기 위한 것이었다.

나에게는 예전부터 연설문 자료를 준비할 때 하던 버릇이 있었다. 청중이 알아듣기 쉽게 끊어 읽을 곳을 빨간 펜으로 표시하는 습관이었다. 한 문장을 읽고 호흡을 가다듬고 다시 다음 문장을 읽기 위한 것이었다. 이렇게 하면 발음이 꼬이지 않고 긴장감도 늦출 수 있었다. 준비해 온 브리핑 자료를 천천히 읽어 내려갔다. 빨리 읽으면 발음을 실수하기 마련이었다. 긴장감을 떨치려면 오히려 천천히 끊어서 읽는 것이 도움이 되었다.

마음속은 극도의 긴장감으로 떨렸지만, 목소리는 오히려 차분했다. 억지로라도, 중간중간에 카메라를 쳐다보려 노력했다. 빨갛게 표시된 곳까지 읽고 쉬고, 읽고 쉬고를 반복했다. 내용이 어떻게 전달되는지 알 수 없었다. 브리핑 자료를 읽어 내려가는 몇 분의 시간이 영원처럼 느껴졌다.

그렇게 영상을 찍고 나면 본격적인 전쟁이 시작되었다. 소위 '백 브리핑(Back briefing)' 시간이었다. 이제부터가 진정한 승부였다. 연단에서의 브리핑은 방송용 영상을 촬영하기 위한 것이었다. 짧은 시간에 상세한 질문을 하고 이에 답하는 것은 한계가 있었다. 난해한 질문으로 시간을 끌거나 브리퍼가 곤란을 겪는 장면은 언론도 원치 않았다. 그래서 상세하고 어려운 질문은 백 브리핑 시간에 진행되었다.

그래서 생방송 브리핑이 방송을 위한 형식에 치우쳤다면, 지금부터는 내용에 초점이 맞추어졌다. 브리퍼에게는 가장 곤혹스러운 시간이었다. 연단에서 강당 아래로 내려와 취재진과 눈높이를 맞추었다. 한 명씩 취재진 질문이 이어졌다.

범정부 사고대책본부 대변인실

범정부 사고대책본부 대변인은 2원 체제로 운영되었다. 박승기 해양수산부 대변인과 내가 공동 대변인을 맡았다. 박 대변인은 행정 지원 사항을, 나는 현장 수색 구조 상황을 브리핑했다. 하지만 처음부터 언론 관심은 현장의 구조 상황이었다. 대부분 질문은 내게 쏟아졌다. 비난성 기사도 해경에 관한 것이었다. 해경 지휘부 누구와 상의할 수도 없었다. 언론 대응에 관한 한 파견 나와 있던 직원들과 의견을 나누고 그 즉시 결정해야 했다. 그만큼 마음의 부담은 컸다.

▲ 범정부 사고대책본부 대변인실 모습(창고를 임시 사용)

대변인실은 진도군청 4층에 자리 잡았다. 문서고에 임시로 탁자와 의자 몇 개 놓은 것이 전부였다. 본청에서 임시로 파견 온 직원들로 대변인실을 꾸렸다. 해경 내부망도 연결되지 않는 열악한 상태에서 폭주하는 업무를 처리했다.

초기 사고와 관련된 의혹과 비난이 쏟아졌다. 해경과 언딘 유착 의혹, 민간인 잠수사 투입 논란, 123정 퇴선 방송 여부, 이준석 선장 수사관 집 숙박 의혹, 진도 VTS 의혹, 헬기 투입 차단 의혹, 123정 CCTV 의혹, 다이빙 벨 논란, 잠수사 사망 등.

언론에서 제기하는 의혹을 해명하는 것은 대변인실 몫이었다. 취재진이 현장 직원에 문의해도 혼란스러운 상황에서 답변을 듣지 못했다. 일부는 겁을 먹고 대답을 회피했다. 하지만 대변인실은 언론의 물음에 답을 해야만 하는 부서였다. 수백 통의 전화가 쏟아졌다. 밤늦도록 언론에 제기된 의혹을 해명해야 했다. 새벽까지 불이 켜진 날이 많았다.

제기되는 의혹에 비하여 해명이 빈약한 경우가 많았다. 사실 관계를 파악하려 해도 트라우마로 인하여 현장 부서에서 회피하는 경우가 많았다. 더러는 자기 보호 본능으로 인하여 사실 관계를 왜곡하여 말하기도 했다. 이를 믿고 잘못된 사실 관계를 언론에 알려 주면 걷잡을 수 없이 일이 꼬였다. 쏟아지는 의혹에 대한 사실 관계를 정확히 파악하기에는 시간도 부족했다.

복도에서 일부 취재진과 실랑이가 벌어졌다. 시도 때도 없이 카메라를 들이댔고, 이를 말리는 직원과 다툼이 있었다. 취재 과정에서 죄인 취급하듯 취조식으로 질문하는 경우도 있었다. 세월호 인양과 관련하여 집요하게 질문을 했다. 초기 '인양'이라는 단어가 금기어였던 때였다. 구조가 우선이고, 인양은 검토하고 있지 않다는 대답을 반복해도 막무가내였다.

브리핑장 난입 소동

한번은 민간 잠수사가 브리핑 관련 불만을 품고 난입하는 소동이 있었다. 언론 브리핑을 하려고 단상에 올랐는데, 취재진 사이에 검은 군복을 입은 사람이 눈에 띄었다. 브리핑을 시작하고 3, 4분이 지났을 때였다. 특전사동지회 소속이었던 그 남자가 갑자기 단상으로 뛰어 올라왔다. 그리고 단상 마이크를 잡아채어 해경과 해양수산부 장관이 안일하게 대응했다며 폭탄 발언을 했다.

당시 실시간 방송이 나가고 있던 상태였다. 그는 잔뜩 격양된 목소리로 "12시 반에 최초 출항하는데 해양수산부 장관이 와서 출항을 제지했다."라며 "뭐 때문에? 출항하는 잠수 요원들을 격려하겠다고 그랬다."라고 폭로했다. 그는 "저쪽 침몰선에서는 아이들이 물을 꼴깍하고 죽어 가고 있는데…."라며 울분을 토했다. 이어 "그게 해수부 장관인가? 아이들 구하려고 잠수 장비를 가져왔는데 그걸 막나?"라며 분노했다.

브리핑을 지켜보던 박○○ 계장이 이를 제지했다. 옆에 있던 김 경장과 허○○ 계장도 단상으로 올라왔다. 몸싸움이 커질 뻔했지만, 달래서 단상 아래로 내려 보냈다. 브리핑이 끝난 뒤 취재진이 휴대폰으로 강병규 안행부 장관의 사진을 보여 주었다. 그러자 그는 출항을 저지한 장관은 해수부 장관이 아니라 안행부 장관이라고 수정했다.
 그렇게 해프닝은 마무리되었지만, 하루도 조용한 날이 없었다. 가족도, 국민도, 언론조차도 울분에 차 있었다.

오랫동안 시간은 정상적으로 흐르지 않았다.

11.
3일 만에 쓰러지다

슈퍼맨이 되라고?

해경 본청은 물론 전국에서 파견된 해경들은 진도 현장 곳곳에 흩어져 있었다. 맹골수도 구조 현장은 실종자 수색을 하였으며, 해경 3009함을 중심으로 이춘재 경비안전국장이 총괄하고 있었다. 팽목항은 실종자 가족을 지원하면서 수색 상황 설명, 발견된 시신 확인, 처리 등을 했다. 자원봉사자나 지원 시설이 그곳에 설치되어 있었고, 최상환 차장이 가족 지원 업무를 총괄하고 있었다.

진도 실내체육관은 실종자 가족이 숙식을 해결하며 대기하는 장소였다. 슬픔과 통곡이 가득 찬 그 공간을 지원하는 업무는 이용욱 정보수사국장을 중심으로 이루어졌다. 그리고 진도군청은 범정부 사고대책본부가 운영되고 있는 곳으로 범정부 사고대책본부 본부장인 이주영 장관을 중심으로 해양수산부, 해경을 비롯한 20여 부처가 상주했다. 수색 상황을 수시로 체크하고 지원 대책을 수립했다. 언론 브리핑도 그곳에서 이루어졌다.

▲ 범정부 사고대책본부 모습

　사고 초기 혼란스러운 상황에서 해경 지휘부가 모이거나 의사결정을 하는 기능이 마비되었다. 구조 현장과의 통신도 며칠간은 원활하지 못했다. 해경 내부망도 연결되지 못했다. 나는 진도군청에 상주하면서 범정부 사고대책본부 대변인 임무를 수행하고 있었다. 하지만, 대변인으로서 구조 현장의 급박한 수색 구조 상황을 파악하는 데 많은 제약이 있었다. 모든 사안을 설명해야 하는 당위성이 있었지만, 그럴 만큼 현장에 대한 정보가 부족한 것이 현실이었다.

　대형 사고 현장에서 대변인 임무를 수행하기는 쉽지 않았다. 하지만 나는 대변인이었다. 현장과 관련된 모든 상황을 객관적으로 전달해야만 하는 직책이었다. 언론은 내가 슈퍼맨이 되길 요구했다. 사고와 관련된 모든 궁금한 사항을 물었다. 언론 입장에서는 당연한 요구였다. 세월호 탑승자 수에 의문을 제기했고, 세월호 출항과 관련된 세부 사항을 물었다. 물속의 수색 상황에 대해 세세하게 물었다. 투입된 수색 구조 장비의 작동 방법, 성능, 효과를 질문했다. 진도 VTS나 123정 의혹에 대해서도 끊임없이 질의했다. 시신 유실 방지나 시신 처리 등 전문적인 분야에 대해서도 궁금해했다. 언론이 궁금해하는 분야는 제한이 없었다.

그중에서도 관심이 집중되는 곳은 실종자를 찾는 수중 수색 상황에 대한 것이었다. 눈으로 확인할 수 없는 물속 상황을 말로써 설명해야 하는 것은 곤혹스러운 일이었다. 차라리 장비를 메고 그 바다에 들어가 보고 싶었다. 내 눈으로 직접 보고 싶었다. 그나마 해병대 군 생활과 스쿠버 다이빙 경험이 있어 도움이 되었다. 물속으로 잠수하는 것이 어떤 것인지 감각이 있어 다행이었다.

일상적인 상황이었다면 개별 기능에 문의했을 것들을 모두 내게 물었다. 그도 그럴 것이 곳곳에 흩어져 있던 해경 누구에게도 취재가 불가능했다. 수색 상황에 관한 한 모든 취재가 내게 집중되었다. 내가 감당할 만한 수준이 아니었다.

토끼몰이

고향 마을 뒷산을 '용골'이라 불렀다. 마을 뒤부터 나지막한 둔덕이 이어지다가 점점 경사도를 더하면 산꼭대기에 다다랐다. 8부 능선부터 아래쪽으로 계단식 논밭이 층층이 마을 어귀까지 내달렸다. 계단식 논 옆을 따라 작은 개울이 뱀 모양으로 굽이치며 졸졸 흘렀다. 산에는 소나무, 오리나무, 아카시아, 참나무, 굴밤나무 등 수종들이 흔하게 널려 있었다. 마루에서 바라보면 인절미를 뚝뚝 떼어 발언저리에 부려 놓은 듯 인가가 아무렇게 놓여 있었다.

　그때가 여섯 살쯤이나 되었을 것이었다. 겨울이면 어른들은 토끼 몰이를 했다. 눈이 발목까지 빠질 정도로 내려 쌓이면 적당했다. 산토끼가 눈에 발이 빠져 도망치지 못하기 때문이었다. 동네 발 빠른 청년들을 모았다. 장비도 간단했다. 숲을 두드릴 수 있는 막대기와 시끄러운 소리를 낼 수 있는 찌그러진 냄비 정도면 충분했다.

　토끼는 앞발이 뒷발에 비해 짧았다. 오르막은 잘 뛰어올라가도 내리막은 뒹굴기 일쑤였다. 더구나 눈이 내리면 발이 빠지므로 한겨울이 제격이었다. 토끼몰이는 산꼭대기에서 시작되었다. 청년들이 일렬로 서서 아래쪽으로 토끼를 몰았다. 아래로 아래로 쫓기던 토끼는 결국 궁지에 몰려 잡히게 마련이었다. 궁지에 몰린 토끼는 빨간 눈을 하고 덜덜 떨다가 잡혔다.

　어느 순간 내가 산 아래로 쫓기고 있었다. 눈이 쌓여 발이 푹푹 빠졌다. 자꾸만 앞으로 몸이 고꾸라졌다. 달아나야 하는데 눈 속에 묻힌 발이 빠지지 않았다. 거친 함성이 점점 가까워졌다. 막대기며 낫을 든 사람들이 숨을 몰아쉬며 다가왔다. 궁지에 몰렸다. 어찌할 바를 몰라 아래를 내려다보는 순간 깜짝 놀랐다. 내 몸에 잿빛 털이 덮여 있었다. 나는 어느새 토끼가 되어 있었다. 사람들에 둘러싸여 떨고 있는 토끼….

　사람들이 점점 가까워졌다. 진땀이 흘러내리며 몸이 굳어졌다. 이를 악물었다. 누군가가 나의 귀를 잡아채었다. 숨이 턱턱 막혔다. 비명을 지르며 잠에서 깨었다. 주위를 둘러보니 병원 침대 위였다. 꿈이었다. 앞에 선 김 경장이 걱정스럽게 나를 내려다보고 있었다.

▲ 진도군청 앞 진도한국병원

진도한국병원에서

그랬다. 사흘째 되는 날 쓰러졌다.

동공 실핏줄이 터졌다. 그것은 두세 시간밖에 안 되는 수면이나 매일 벌어지다시피 하는 취재진과의 몸싸움 때문이 아니었다. 마비된 시스템 때문이었다. 나에게 들어오는 정보량에 비해 출력을 요구하는 정보량이 너무 많았다. 하루에 걸려 오는 수백 통의 질문에 응답할 수가 없었다. 그 바다 상황을 알려 오는 사람도 없었고, 매일 터지는 언론 보도의 진위를 파악할 수도 없었다.

인풋과 아웃풋의 간극 사이에서 나의 두뇌는 버그가 나 버렸다. 군청 앞 진도한국병원에 부축을 받으며 들어섰다. 그 와중에도 휴대폰은 계속 울려 대고 있었다. 악을 쓰는 휴대폰을 던져 버리고, 병상에 쓰러졌다. 그리고 깊은 잠에 빠져들었다. 영원히 깨고 싶지 않은 잠이었다.

하지만 어김없이 잠은 깨어지고, 여전히 전화벨은 울리고 있었다.

이제 선택의 시간이었다. 일어나 진도군청으로 걸어 들어갈 것인가? 뒤돌아 진도대교를 넘어갈 것인가? 진도군청으로 들어간다면 눈앞의 난제들이 해일 같은 기세로 밀려들 것이다. 내가 감당하기 버거운 현실이었다. 그렇다고 진도대교를 넘어간다면 그것으로 끝이었다. 지난 공무원 생활도 끝날 것이며, 나는 영원히 실패자로 낙인찍힐 것이었다. 병상에 앉아 한참을 멍하니 앞을 응시했다. 링거를 뽑은 나는 천천히 일어섰다.

병원 출입문을 나섰다. 봄 햇살이 눈부셨다. 한 손으로 머리 위 가림막을 하며 하늘을 올려다보았다. 맑고 포근한 봄날이었다. 곧바로 진도군청으로 걸어갔다. 현실을 딛고 넘는 수밖에 없었다. 곧바로 시스템 복구를 시작했다.

현장 상황을 알 수 있도록 정보의 흐름을 개선했다. 현장 상황 파악, 언론 브리핑, 언론 보도 해명, 취재진과 통화 등등…. 하루 24시간이 모자랐다. 여관으로 돌아가면 씻는 시간도 아까워 그대로 쓰러졌다. 새벽 5시가 되면 어김없이 취재진의 전화가 자명종 소리처럼 울렸다. 마치 초등학교 시절 아쉬운 점심시간이 끝나고 수업 시작을 알리는 차임벨 소리 같았다.

12.
현장은 언론 전쟁터

현장은 충격 그 자체였다. 국내 모든 언론은 물론, 외신까지 팽목으로 몰려왔다. 하루에도 수십 건의 특종이 보도되었다. 방송과 신문은 매일 세월호 뉴스로 가득했다. 언론은 차분함을 잃기 시작했다. 내가 느꼈던 언론은 이랬다.

'내가 먼저' 속보 경쟁

이곳은 전쟁터…. '빨리 빨리' 사실 확인이나 정확성보다 중요한 건 속도.

언론은 취재와 보도에 폭넓은 자유가 인정되지만, 사실 확인에 대한 책임도 따른다. 대형 재난이 발생하면 평상시처럼 차분한 분위기에서 정확성을 우선하여 보도하기가 어렵다. 이런 보도 환경에서 언론은 정확성보다 신속성을 추구하게 된다. 피해자 중심의 인권 보호보다 특종의 유혹에 사로잡히게 마련이다. 언론사 간 속보 경쟁이 벌어지면 멈추기 어려운 게 현실이다.

세월호 사고 때도 마찬가지였다. 수많은 취재진이 현장으로 왔다.

그리고 속보 경쟁이 시작되었다. 어수선한 현장에서 질서 있게 취재를 지원할 여력이 없었다. 기자단 간사도 없는 상태로 경쟁적으로 취재가 이루어졌다. 이미 잘 알려진 전원 구조 오보나 최대 구조 작전 오보 외에도 속보 경쟁이 낳은 부작용은 많았다. 취재가 문제가 되면 기자들은 국민의 알권리를 주장했다.

▲ 세월호 일일 브리핑 중 취재진 모습

매일 2회 현장으로 잠수사의 식사를 실어 나르는 해경정(우리는 그 배를 '밥 배'라 불렀다)에 태워 달라는 취재진의 요청이 쇄도했다. 실종자 가족을 태우고 구조 현장을 오가는 어선에 몰래 위장하여 잠입했다가 발각되기도 했다. 어떻게 된 건지 모르겠지만, 출입이 금지된 잠수 바지선에서 대화 내용을 몰래 녹음하기도 했다.

구조 현장으로부터 시신이 팽목항에 도착하면 취재 경쟁이 붙었다. 시신을 운구하는 장면을 촬영하여 그대로 방영하기도 했다. 나중에 부두에 가림막을 치자, 급기야 팽목항 뒷산에 올라 시신을 촬영하기도 했다. 실종자 가족에게 큰 상처를 주는 취재였다.

지나친 속보 경쟁은 나에게도 큰 부담이 되었다. 하루에도 몇십 명씩 시신이 수습되던 사고 초기. 새벽 5시면 어김없이 희생자 수습 현황을 묻는 취재진 전화에 쪽잠을 깨곤 했다. 희생자의 실명을 집요하게 묻는 것은 애교에 속했다. 정부 공식 희생자 숫자가 발표되기도 전에 팽목항으로 들어오는 시신을 취재하여 희생자 통계를 보도했다. 공식 통계보다 앞서 발표한 것이었다. 이후 보도의 신빙성을 확보하기 위하여 대변인실에 거꾸로 확인을 요청했다. 대변인실 직원들은 언론의 속보 경쟁에 종일 시달렸다.

'기발한 장면을 내보내야' 특종 경쟁

이곳은 특종의 성지. 보다 기발하게….

언론 환경 변화로 인터넷 언론사가 증가했다. 간단한 장비만 있으면 중계가 가능한 인터넷 방송이 많았다. 이러한 실시간 방송 형태는 세월호 사고 당시에도 나타났다. 문제는 국민의 알권리를 앞세운 취재 기자가 취재원의 동의 없이 실시간 중계하는 모습이 곳곳에서 이루어졌다는 데 있었다. 얼굴이 방영되는 영상을 취재하는 경우, 최소한 상대방의 동의를 얻어야 하는 것은 상식이다.

당시의 팽목항과 진도군실내체육관은 오롯이 삶의 현장이었다. 그곳에서 숙식을 해결하고 생활의 전부를 이어 가던 터전이었다. 이런 곳에서 동의 없이 카메라를 다반사로 들이댔다. 특히, 가족과 정부 관계자가 격앙된 목소리로 몸싸움을 하는 모습을 장시간 방영하거나 거의 오열하는 모습을 여과 없이 방송하기도 했다.

나도 동의 없이 카메라를 들이대는 인터넷 기자와 복도에 실랑이했던 기억이 많았다. 국민의 알권리라면 기본적인 취재 윤리를 무시해도 좋은가? 현장 실시간 방송의 한계는 어디까지인가? 누구도 제지하지 않는 혼란스러운 현장에서 언론 스스로가 자제하지 않는다면 개선의 여지는 없어 보였다.

▲ 팽목항에서 보도 중인 취재진(본문 내용과 직접 관련 없는 사진임)

한번은 취재 풀(Pool)을 만들어 취재진과 현장 바지선에 들어간 적이 있었다. 나는 배로 현장까지 이동하는 동안 잠수사의 안전과 구조의 방해가 되지 않기 위해 현장 통제에 따라 줄 것을 철저히 당부했다. 어수선한 구조 현장에서 공기줄을 밟기라도 하면 안전사고가 날 수도 있었다.

그런데 현장 바지에 도착하자마자 희생자 3명이 수습되어 올라왔다. 나는 시신 수습 장면을 촬영하지 말도록 통제했고, 다른 쪽으로 이동할 것을 요구했다. 하지만 일부 기자는 막무가내였다. 알권리와 취재의 자유만을 주장하며 오히려 화를 내기도 했다. 구조 바지선 위에서 잠수사가 쉬고 있는 방이나 구조장비 컨테이너에 예고 없이 들어가 구조 작업에 지장을 초래하는 경우도 있었다.

그들에겐 미안하지만 취재가 우선

일부 언론이기 했지만, 피해자나 취재원에 대한 배려가 부족한 경우가 많았다.

세월호 구조 현장은 팽목항에서 배로 한 시간 거리였다. 일부 언론사는 아예 민간 선박을 임차하여 구조 현장을 맴돌면서 취재했다. 그러다가 기회가 생기면 굳이 통제선 안쪽으로 가까이 접근하려 했다. 구조 바지선 주위를 수색하는 많은 구조 보트의 방해가 될 수도 있었다.

희생자가 팽목항으로 들어오면 어김없이 수습된 희생자의 복장, 소지한 물건, 특이 사항을 묻는 전화가 쇄도했다. 실종자 가족이 일일이 확인하기 때문에 희생자의 특징을 보도해서는 안 되었다.

한번은 사건 기자가 아닌 기획 프로그램 프로듀서가 찾아왔다. 공영 방송에서 장기간 명성을 얻고 있는 시사 교양 프로그램이었다. 진도 VTS 녹음 파일 관련하여 인터뷰를 요청해 왔다. 나는 바쁜 와중에도 취재에 응했지만, 영상 촬영은 허락하지 않았다. 카메라 기자는 카메라를 껐으니 안심하라고 말했고, 나는 믿고 인터뷰에 응해 주었다.

그러나 실제 방송에는 처음부터 무릎 아래를 촬영한 영상이 방영되었다. 인터뷰 목소리 변조조차 하지 않은 채 그대로 방송되었다. 나는 방영 내용에 대하여 정정보도를 요구했다. 프로듀서는 정정보도를 거부했다. 이후 아예 전화를 받지 않고 회피해 버렸다. 나로서는 더 손 쓸 여유가 없었다. 당시 내가 겪었던 비슷한 사례는 더 있었다.

대변인님, 세월호는 어떻게 생겼어요?

현장에 대한 설명이 반복되었다. 현장에 투입된 취재 기자가 공부할 시간이 없어 현장에 대한 이해도가 낮을 수는 있었다. 하지만 사고 발생 후 몇 주가 경과한 시점에서도 새로 투입되는 기자는 현장에 대한 이해도가 낮았다.

"세월호는 우현이 하늘로 90도 누운 채, 우현은 수심이 25미터, 좌현은 48미터 해저에 있습니다. 선체 수색은 우현에서 좌현 쪽으로, 위에서 아래로, 수직 방향으로 진행되고 있습니다."

모든 국민이 알고 있는 사실이었다. 하지만 현장을 새로 찾는 기자 대부분이 이렇게 질문했다.

"대변인님, 세월호는 어떻게 생겼어요? 세월호는 어떤 상태예요?"

맹골수도의 조류, 시계, 수심에 대해서도 많은 설명을 했다. 나는 취재진을 이해시키기 위해 이렇게 설명했다.

"그 바다 조류는 사람을 연 날리듯 날리고, 그 바다 시계는 잠수사가 자기 팔을 뻗었을 때 손을 볼 수 없을 정도입니다."

하지만 그때뿐이었다. 또 새로운 기자가 계속해서 몰려왔다. 투입되는 구조 장비인 원격 무인탐색기(ROV), 소나(Sonar), 다이빙 벨, 표면공급식 잠수(SSDS) 등을 이해시키는 데도 어려움이 많았다. 사실 한 시간 정도만 인터넷을 찾아봐도 웬만한 잠수 방법나 구조 장비에 대해서 알 수 있었다. 이런 상황에서 기초적이고 동일한 설명을 수십 번 반복해야만 했다.

▲ 취재진의 질문을 받고 있는 필자

각자의 방식대로, 내가 편한 대로

갑작스럽게 대형 재난을 겪게 되니 현장 취재 시스템과 룰이 없었다. 평소에는 출입 기자 간사를 선출하여 질서 있게 취재 활동을 해

왔던 기자단이었다. 그 룰을 누구보다 잘 아는 게 언론이었다. 하지만 초기 며칠을 예외로 하더라도 기자 간사단이 운영되지 못했다. 간사단이 없으니 취재와 관련된 언론사 간 의견을 모으거나 대변인실과 협의할 수 있는 채널이 없었다.

많은 취재진은 각 언론사 방식대로 취재 기자가 편한 방식대로 취재하고 질문하고 요구했다. 구조 바지선에 풀단을 구성해 들어가거나 필요한 취재 지원에 있어, 취재진 요구는 넘쳐 나지만 통일된 방식으로 이루어지기는 힘들었다.

언론 브리핑 때에도 기본적인 에티켓이 지켜지지 않는 경우가 많았다. 브리핑 시간에 설명을 충분히 했는데도 복도에서 카메라를 들이대기도 했다. 현황 자료를 요청해 놓고 막상 본인은 브리핑에 나타나지 않았다. 며칠 후에 나타나서 현황 자료를 다시 요구하는 경우도 있었다. 취재 기자 사이에 요구 사항이 달라 브리핑 시간에 언성을 높이는 경우도 있었다.

대형 재난 앞에서 언론은 보도 참사를 경험했다. 언론사가 시청률에 민감한 것은 어느 정도 당연한 것이라 할지라도, 재난보도에 있어서만큼은 개선이 필요해 보였다. 재난 현장은 사상자가 속출하는 곳이었다. 시청률보다 정확한 재난 정보를 제공하고 피해 확산을 방지하는 공익적 측면이 우선되어야 한다. 하지만, 실제 보도 현실은 달랐다. 재난 현장에서 시청률을 올리기 위한 속보 경쟁과 특종 경쟁은 지금도 계속되고 있다.

13.
희망 고문, 에어포켓

희망의 끈을 붙잡고

4월 16일 전복된 배는 뱃머리만 남긴 채 3일간 떠 있었다.

그 배가 완전히 침몰한 것은 4월 18일 오전 12시 57분경이었다. 그 안에 아이들이 살아 있을 수도 있었다. 기적을 바라는 시간이었고, 희망을 버릴 수 없는 시간이었다. 속이 새까맣게 타들어 가는 시간이기도 했다.

'에어포켓(Air Pocket)'이라는 말이 등장했다. '에어포켓'이란 선박이 뒤집혔을 때 미처 빠져나가지 못한 공기가 선내 일부에 남아 있는 현상을 일컫는다. '에어포켓'이라는 단어 자체가 '희망', '생존'을 곧바로 연상시켰다. 만약 침몰한 세월호 내부에 배출되지 않은 공기층인 에어포켓이 형성되었다면, 이곳에서 생존자는 호흡이 가능할 것이었다. 사람들은 들뜨기 시작했고, 점점 에어포켓의 존재와 생존 가능성을 현실화시키는 분위기였다.

4월 17일 침몰한 선체 내부에 공기 주입을 시도했다. 공기 주입은 선체를 조금이라도 가라앉지 않게 하고, 생존자에게 공기를 공급하기 위한 노력이었다. 민관군 합동구조팀은 조류가 멈추는 정조 시간에 맞춰 공기 주입을 시도했다.

하지만 18일 11시에야 선내 공기 주입에 성공했다. 공기 주입에는 압축 공기를 공급하는 공업용 컴프레서를 사용했다. 실제 공기를 주입한 곳은 세월호 5층 조타실 근처였다. 에어포켓이 있었다 하더라도 선체 진입을 하지 않은 상황에서 위치를 알 수 없었다.

공기 주입이 선체를 흔들리게 하거나 선체 균형 상태에 영향을 줄 수 있다는 전문가의 지적도 많았다. 그렇게 되면 혹시 있을 생존자에게 더 위험한 상황이 초래하거나 침몰을 가속화시킬 수 있었다. 하지만 정밀하게 분석하고 시행할 만한 시간이 없었다. 지켜보는 모두가 서두르고 있었고, 희망에 부풀어 있었다. 선체 내부 상황을 알 수는 없었다.

▲ 구상선수가 떠 있는 세월호 야간 수색

에어포켓(Air Pocket) 논란

세월호 선체 일부가 떠 있고, 공기를 주입하면서 에어포켓 존재 여부는 큰 이슈로 떠올랐다. '에어포켓 존재 = 선내 생존자 = 구조'라는 공식이 사람들 머릿속을 채웠다. 희망 고문이 시작되었다.

사실 에어포켓이 있었다 하더라도 그곳에 생존자가 있을지는 미지수였다. 그곳에 생존자가 있었다 하더라도 구조될 확률은 낮았다. 즉, 위 공식처럼 연결될 확률이 현실에서는 극히 낮았다. 하지만 그런 것은 중요하지 않았다. 온 국민이 에어포켓의 존재 가능성에 촉각을 곤두세우고 있었다.

전문가가 연일 방송에 나와 에어포켓 가능성을 이야기했다. 그럴듯한 주장들이 실종자 가족은 물론 국민에게도 대세로 굳어 갔다.

"세월호는 급속하게 전복됨으로 인해 상당한 공기를 안고 침몰했다."
"세월호 선수가 물 위에 떠 있는 이유는 당연히 공기로 인한 부력 때문이다."
"선체 내 공간마다 여러 개의 에어포켓이 있을 가능성도 있다."

에어포켓 속에서 생존했던 사례도 대대적으로 보도되었다. 2013년 5월 나이지리아에서 에어포켓의 도움으로 60시간을 버텨 구조된 사례였다. 당시 12명의 승무원을 태운 배가 침몰하여 수심 30미터 아래로 가라앉았다. 3일이 지나도록 생존자가 나오지 않았고, 구조 당국은 사실상 구조를 포기한 채 시신 수습에 주력하고 있었다. 잠수사가 물속으로 들어갔을 때, 어 어포켓에서 남성이 발견된 것이었다.

그런가 하면 〈포세이돈 어드벤쳐〉라는 해난 영화를 소개하면서 에어포켓 가능성을 이야기하기도 했다. 영화는 여객선이 전복된 이후 선박 안에서 격실을 채워 나가는 바닷물과 사투를 그린 내용이었다. 승객들은 에어포켓이 있는 공간을 찾아 이동하면서 결국에 구조된다는 결말이었다.

이런 사례를 보는 국민은 영화에서처럼 넓은 공간의 에어포켓이 있을 것이라고 믿는 사람이 많았다. 이런 분위기에서 에어포켓 존재에 부정적인 의견을 밝히는 전문가는 아예 없었다. 바다 현장과 무관하게 그것은 희망을 꺾는 것이기 때문이었다.

하지만, 경험 많은 해양 전문가 사이에 선체에 에어포켓이 생기기 어렵다는 반대 의견이 지배적이었다. 세월호는 수밀성을 보장할 수 없는 배였다. 에어포켓이 형성되기 위해서는 수밀성이 보장되어야 했다. 선박은 격실별로 수밀성을 유지하기 위한 구조를 가진다. 즉, 누수를 방지하거나 혹은 물을 막아 주는 방수 구조를 갖춘다. 이를 위해 수밀문, 수밀격벽, 이중 선체 구조 등을 채택한다.

수밀문이나 격벽은 충돌이나 침몰 시에 한꺼번에 물이 들어오는 것을 방지하거나 시간을 늦출 수 있다. 수밀성을 잘 갖춘 배일수록 공기층을 가두어 에어포켓이 형성되기 쉽다. 수밀성이 보장되지 않는다면 선체 여러 곳에 물이 차서 에어포켓은 존재하기 어려울 것이었다.

세월호는 소위 '로로선'이면서 여객선이었다. 로로선은 화물이나 사람의 통행을 원활하게 하기 위하여 수밀문이나 격벽을 엄격하게 갖추지 않는다. 수많은 여객이 선내에서 통행하는 복도나 화물칸은 수밀성이 거의 없었다. 수밀문을 갖추었다 하더라도, 전복이나 침몰 시 문을 닫지 않으면 수밀성 유지는 어렵다.

침묵하고 있던 전문가들은 이 점에 주목했다. 그 배는 로로선이었으며, 선령이 오래되었다. 수밀성을 유지하는 것이 극히 어렵고, 따라서 에어포켓이 만들어지기는 어려운 선체 구조였다.

앞서 언급한 나이지리아 사례는 규모가 작은 선박이었고, 아주 드문 경우에 속했다. 세계적으로 가라앉은 선박에서 에어포켓의 도움으로 생존한 사례는 거의 없었다.

세월호에 과연 에어포켓이 있었을까?

에어포켓의 존재는 희망 고문이었고 집단적 바람이었다. 바람과 희망은 사실처럼 굳어져 갔다. 현실을 이야기하는 사람은 나쁜 사람으로 치부될 분위기였다. 현실과 관계없이 실종자 가족과 국민은 절망 속에서 희망을 떠올렸다.

그렇다면 과연 침몰된 세월호 선체에 에어포켓이 있었을까? 선체에 진입조차 못한 상황에서 에어포켓이 있는지 그리고 며칠간 유지되었는지 그 누구도 알 수 없는 일이었다. 해양안전심판원의 '여객선 세월호 전복사고 특별조사 보고서' 일부를 인용해 보자.

☐ 세월호 선체 전복

차량이나 화물을 지탱하는 경사각도를 점점 초과하여 횡경사가 진행됨으로써 더 많은 화물이나 차량이 좌현으로 쏠리게 되었고, 이러한 연속현상이 횡경사를 가속시키게 되었다.

횡경사가 약 50도 이상 진행되면서 대부분의 화물과 차량이 전도되었고, 급기야는 10시 31분경 선체 대부분이 수면 아래로 뒤집힌 채 가라앉으면서 선수 구상선수(Eulbous Bow)만 수면 위에 남기고 전복되었다.

☐ 세월호 선체 침몰

선수 구상선수 부분만 물 위로 남기고 뒤집힌 세월호는 D 갑판 아래의 공소(Void space) 및 비어있던 APT 등의 선박평형수탱크의 잔존 공기 등에 의한 작은 부력에 의지한 해 표류하고 있었다.

그러나, 물속에 잠긴 공소의 공기관(Air Pipe) 등을 통하여 바닷물이 점점 유입됨으로써 세월호는 부력을 완전히 상실하고 2014년 4월 18일 12시 57분경 전남 진도군 병풍도 북동방 약 3.1마일 해상에서 완전히 침몰하였다.

보고서는 잔존 공기에 의해 부력이 유지되었다고 적고 있다. 선체 내 조난자가 생존할 만한 에어포켓에 관한 표현은 없었다. 현실에서 작은 배가 갑작스럽게 옆 파도를 맞거나 줄에 걸려 순식간에 전복되는 사례가 있다. 이럴 때 뒤집힌 배가 수면에 떠 있고 그 안에 에어포켓이 만들어지는 경우는 종종 있다. 그 안에서 생존자를 구조해서 나오기도 한다.

하지만 세월호는 6천 톤이 넘는 여객선이었다. 침몰 상태인 거대한 여객선에 에어포켓이 형성되는 것은 현실에서 일어나기 힘들었다. 운 좋게 에어포켓이 형성되었더라도, 선박 내에서 생존자가 에어포켓을 찾아가는 것이 가능한 일인가?

천운이 있어 생존자가 에어포켓에서 구조를 기다릴 수 있게 되더라도, 구조대가 미로를 따라 그곳을 찾을 확률은 희박했다. 더구나 생존자를 구조해서 다시 미로를 빠져나와 수면 위로 올라온다는 것은 기적이 함께해야 가능한 일이었다.

처음부터 희망 고문으로 끝날 일이었다. 현실적으로 그 배는 '에어포켓 존재 = 선내 생존자 = 구조'라는 공식과 거리가 멀었다. 하지만 이를 예상할 수 있었던 여러 해양 전문가들도 입을 닫았다. '에어포켓'이라는 마법의 단어가 등장하면서 객관이나 과학은 낄 자리를 잃었다. 현실을 말하기에는 '희망'과 '기대'가 커져 버린 까닭이었다. 그렇게 현실과 무관하게 희망 고문은 계속되었다.

14.
해경에 쏟아지는 비난

허약한 구조 시스템

뱃머리가 아직 떠 있었다. 그 배 안에 생존자가 있었다.

사람들은 혼란스러운 정도를 넘어 공황 상태였다. 관심은 배 안의 생존자를 구할 수 있을 것인가에 관한 거였다. 가슴속의 희망을 절망으로 대체하기는 이른 시간이었다. 온 국민의 이목이 '구조'에 집중되었다. 하지만, 사고 대책본부도 명확한 구조 대책을 제시하지 못했다. 대안은 많았지만, 현실적인 실행이 문제였다.

방송을 통해 그 장면을 지켜보는 모두는 새까맣게 속이 타들어 갔다. 이제 안타까움은 애달픔으로, 급기야 분노로 바뀌어 갔다. 분노는 자연스럽게 구조를 책임지고 있는 해경으로 향했다. 사고가 발생했던 근본적인 원인과 예방은 슬며시 뒤로 밀렸다. 당장 배가 침몰하고 있는 상황에서 예방보다 구조에 초점이 맞춰진 것이었다.

비난은 해경의 허약한 구조 시스템을 비난하는 것으로 시작됐다. 해경의 임무는 바다에서 경비 및 구난·해상 안전 관리·해상 치안·해양 오염 방제·안보 등 다양하고 방대했다. 육상에서 경찰, 소방, 환경, 군인의 임무를 섞어 놓은 듯했다. 그중에서 수색 구조 임무는 국민의 생명에 직결된 중요한 임무이지만, 여기에 집중하기에는 임무가 지나치게 다양했다.

해경이 구조에 어려움을 보여 준 이유가 다양하게 제시되었다.

"해경은 대형 선박 침몰 시 수백 명의 인원을 구조할 수 있는 체계와 훈련 과정이 없다. 기껏해야 소형 선박 인명 구조나 수면에서 인명 구조 정도였다."
"해경은 조직 역량을 대부분 해상 감시나 어로 단속에 집중했다. 특히 불법 조업 중국 어선을 단속하느라 구조 임무는 뒷전이었다."
"폼 잡으려고 수사 기능을 키우느라 구조에는 신경 쓰지 않았다."

또 수중 구조가 가능한 전문 인력과 장비가 없었고, 구조대의 현장 출동 시스템이 낙후되어 시간이 지연된다는 것이었다. 특히, 해경 지휘부의 현장 경력이 부족하여 구조 지휘 능력이 허약하다는 지적도 있었다.

이런 비판들은 일부 맞고 또 일부는 틀린 지적이었다. 당시 해경의 구조 시스템이 전체적으로 대형 사고를 감당할 만큼 갖추어지지 않았던 것은 사실이었다.

하지만 당시 여객선 관리 시스템을 전체적인 시각에서 볼 필요가 있었다. 여객선에 대한 전반적인 운항 허가와 관리 시스템은 해양수산부가 가지고 있었다. 또 운항 중인 상황을 파악하는 선박교통관제센터(VTS)도 당시에는 대부분 해경이 운용하지 않았다. 이처럼 여객선 관리 체계와 현장 구조 시스템이 분리되어 있었다. 그때나 지금이나 여객선 관리 체계에 있어 해경의 권한은 별로 없다.

비판의 시각이 지나치게 구조에만 초점이 맞추어진 것도 문제였다. 예방과 사후 구조가 연결되지 않는 시스템 속에서 구조에 관심이 집중된 것이었다. 사고 발생 이후 구조에만 관심을 가지는 분위기에서는 앞으로도 해상 안전을 보장할 수 없을 것이다.

구조하지 못한 게 아니라 구조하지 않았다

해경에 대한 비난 여론은 구조에 실패한 것을 기정사실화했다. 나아가 구조하지 못한 게 아니라 구조하지 않았다는 이야기까지 퍼졌다. 이런 비난은 해경이 '물리적·시간적 한계 때문에 구하지 못했던 것인지?', 아니면 '알려지지 않은 특별한 사유로 의도적으로 이행하지 않았던 것인지?'를 밝힐 필요가 있다는 언론 기사에서도 알 수 있었다.

이제 해경은 살인자 누명까지 쓰게 되었다. 당시 해양경찰청 게시판에 올라온 댓글은 이런 분위기를 잘 말해 주었다.

| 김○○ | 당신들도 도망친 선원들과 똑같은 범죄자들입니다. (2014-04-25) | 능력이 없으면 닥치고 찌그러져 있어야죠. 아직도 바닥까지 떨어진 자존심 찾고 있어요? 당신들은 밥 먹을 자격도 없습니다. 자원봉사자분들이 해 주시는 밥은 가족분들과 자원봉사자분들이 드시라고 있는 거지 댁들이 먹으라고 하는 밥이 아닙니다. 정 배고프면 돈 내고 알아서 사 먹어요. 돈 없으면 굶고 일하세요. 그리도 안 되면 굶으면서 일하다가 그냥 죽으세요. |

조○○	당신들이 죽인 겁니다. (2014-04-27)	선원 욕할 것 하나 없습니다. 그들이 퇴실 명령을 했다손 칩시다. 그럼 학생들이 살아 돌아왔을까요? 당신들은 애초부터 구조를 하지 않았네요. 교도소에 들어가 썩어야 할 사람은 당신들입니다. 무기력한 쓸모없는 살인자들.
이○○	살인자는 당신들입니다. 해경 부끄럽지 않습니까? (2014-04-28)	선장과 선원들에게 책임을 묻는 것은 국민만이 할 수 있는 일입니다. 해양경찰청 역시 이번 사건의 가해자 집단으로서 국민의 심판을 받아야 하는 범죄자에 불과합니다.

　배는 52도 기울어 있었다. 현장에 도착했던 해경 123정은 물에 뛰어든 승객을 구했다. 하지만, 선내 승객을 구조하지 못한 혐의로 123 정장이 처벌되었다. 그때 "여객선 밖으로 대피하라!"라는 방송만 나왔어도 304명의 희생자를 낸 세월호 사고를 피할 수 있었다는 것이었다. 그때 구조대원이 선내로 진입했다면 구할 수 있었다는 거였다.

　해경에 쏟아진 비난은 이것으로 끝나지 않았다. 500명 이상 잠수 인력을 지속적으로 투입했다는 발표가 거짓으로 드러났다는 비난도 있었다. 잠수를 위해 대기 중인 인원과 실제 다이빙했던 인원을 동일시한 것에서 비롯된 오해였지만, 질타는 계속되었다.
　수중 수색 과정에서 특혜 의혹도 있었다. 해경이 민간 잠수사 투입을 방해하면서 특정 업체에 특혜를 몰아준다는 거였다. 그러면서 민간 업체인 언딘과 국가 공공 단체인 해양구조협회 간 연관성을 지적했다.

　그렇다면 해경이 이런 비난을 받는 것이 마땅했었나? 구조에 성공하지는 못했어도 "구조하지 않았다"라는 비난을 받을 만큼은 아니었다. 구조 시스템이 허약한 것은 사실이었지만, 해경은 열성과 진심을 가진 조직이었다.

현장에 출동했던 소형 함정 1척과 헬기 3대로 과연 전원 구조가 가능했을까? 희망을 강조하고 당위를 논하기 전에 현실을 인정할 필요가 있다. 비난은 현실의 실현 가능성을 토대로 해야 하지 않을까?

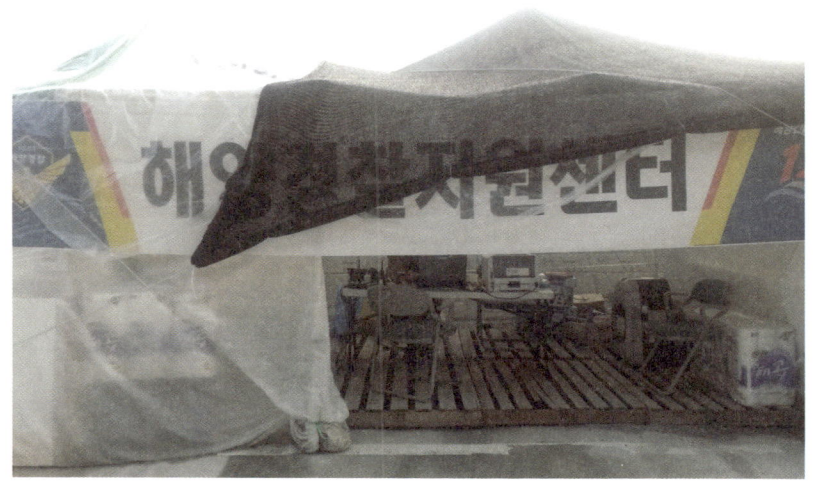

▲ 팽목항 해양경찰 지원센터

거세지는 비난, 움츠러드는 해경

해경은 초기부터 온갖 비난을 받았다.

사실 여부와 관계없이 오랫동안 계속되었다. 한편으로 억울함도 있었지만, 구조하지 못했다는 마음이 가슴속에 자리 잡았다. 모든 해경 직원들은 움츠러들었다. 해경들은 가족에게서, 친구에게서, 지인에게서, 그냥 지나가는 행인에게서조차 질책과 비난의 그림자를 읽었다. 누가 뭐라 하지 않아도 스스로 마음이 그랬다. 하지만 현장에서 업무를 수행하던 해경 직원들은 힘든 기색조차 내지 못했다. 푸른 해경 제복이 마치 죄수복처럼 느껴졌다. 팽목의 하루하루가 인내와 고행의 시간이었다.

팽목항에 식사를 제공하는 자원봉사 부스가 있었다. 거기서 식사 때마다 누구든지 따뜻한 밥을 먹을 수 있도록 했지만, 해경은 아니었다. 해경은 광주에서 도시락을 배달시켜 먹었다. 도시락의 메뉴는 매일 한결같았다. 김치볶음, 콩자반, 김, 돼지고기볶음이었다. 텐트 한 구석에서 누가 볼까 식은 도시락을 급히 먹었다.

잠자는 것도 눈치를 봐 가며 자야 했다. 진도군실내체육관이나 팽목항은 사람들로 북적였다. 제복을 입고 있었고, 보는 눈이 많았다. 더구나 슬픔에 빠진 실종자 가족 앞에서 편한 잠을 잘 수는 없었다. 텐트로 만든 임시 사무실 의자나 체육관 구석에서 잠깐 눈을 붙이는 정도였다. 말 그대로 '쪽잠'이었다.

한동안 집에 가는 것은 아예 엄두를 내지 못했다. 평소 복용하던 약이나 갈아입을 속옷은 우편을 통해 받거나 그냥 버티기도 했다. 한 직원은 구입한 지 얼마 되지 않은 새 차를 한 달 동안 부두에 방치했다가, 배터리가 방전되기도 했다. 또 수색에 집중하던 어느 소형 함정은 식수가 떨어져 동거차도 소방전에 연결해 식수를 해결하기도 했다.

현장에 오지 않았던 해경도 움츠러들기는 마찬가지였다. 어느 자리에 가도 자기가 해경임을 밝히지 못했다. 편하게 알고 지내던 이웃과도 대화가 단절되었다. 외식이나 외출은 엄두를 내지 못했고, 아이들과의 외출은 아예 삼갔다. 심지어 식당에서 "해경한테는 팔지 않는다."라며 거절당한 경우도 있었다.

가슴속에 생채기가 생겼다. 세월호 이야기만 들어도 울렁거렸고, 피하고 싶었다.

이런 시간이 언제까지 계속될지 도무지 알 수 없었다.

3부

길고 잔인했던 그해 봄

3부를 들어가며

《팽목일기》 3부는 세월호 희생자 수색과 구조에 관한 이야기다.

수색은 4월 16일부터 11월 11일까지 210일간 진행되었다. 사고 당일부터 7월 13일까지 1~3차 수색이 있었다. 희생자 대부분은 이 기간에 수습됐다.

수색에는 해경·해군 함정을 비롯하여 수많은 민간 선박이 동원되었다. 잠수사는 차갑고 어두운 물속에서 선체를 수색했다. 사고 해점에서 반경 100여 킬로미터까지 항공 수색과 수면 수색도 계속했다. 시신 유실 방지를 위해 선체 개구부에 유실 방지 장치를 설치했다. 어선을 외곽에 배치해 혹시 있을 수 있는 시신 유실에 대비했다.

그해 봄은 길고도 잔인했다. 수색은 계속되었고, 사람들은 침묵했다. 실종자 가족도, 잠수사도, 국민도 힘든 시간이었다. 내게도 그건 시련이었다. 자연과 싸우고, 편견과 싸우고, 나 자신과도 싸워야 하는 시기였다.

봄에 시작된 수색은 초겨울이 되어서야 끝났다. 나는 3차 수색이 진행되던 시기에 팽목을 떠났다. 사고 발생 66일이 지난 그해 6월 23일이었다. 그곳에서 내가 할 일은 더는 남아 있지 않았다.

겨울이 다가오고 있었다.

15.
세월호 내부 구조를 공부하다

세월호 도입과 개조

대변인을 맡으면서 나는 세월호에 관하여 공부하기 시작했다. 수중에서 이루어지는 수색 상황을 설명하기 위해서는 특히 선체 구조를 알아야 했다. 나는 그 배 도입 과정부터 개조 내용을 공부했다.

사고 당시 세월호는 선령 20년째를 맞았다. 1994년 6월 일본 조선소에서 건조되었다. 18년 이상을 일본 남쪽 가고시마와 오키나와 간을 운항하다가, 2012년 10월 퇴역했다. 이후 청해진 해운이 중고로 도입했다. 청해진 해운은 이 배를 일본에서 수입하면서 선체를 개조했다. 이후 2013년 3월부터 인천과 제주 항로에 투입했다.

선체 개조는 2012년 10월부터 2013년 2월까지 전남 영암에 위치한 ○○조선소에서 진행되었다. 4층 선미 부분을 철거하고, 5층 선미 2.8미터, 갑판 5.6미터, 천정 1.6미터를 연장했다. 이렇게 생긴 공간을 두 개 층으로 만들어 하층은 여객실로, 상층은 전시실 등으로 개조했다. 개조 작업으로 기존 정원인 740명보다 더 태울 공간을 마련했다.

선박의 무게도 239톤이나 증가했다. 동시에 배 앞쪽 출입구인 램프웨이 중 오른쪽 문을 철거했다. 램프웨이를 철거하면서 배 전체 무게가 가벼워져 그만큼 객실 증축에 유리하고 화물도 더 실을 수 있었다. 그러나 선수 우측에만 있던 램프웨이를 철거함으로써 배는 좌우 균형을 잃은 절름발이 상태가 됐다.

세월호는 선박 개조 이후 한국선급으로부터 등록 검사와 정기 검사를 받았다. 경사 시험과 선박 복원성 기준을 충족하였고, 2013년 2월 선박안전법 등에 따라 선박검사증서, 해양오염방지검사증서 등을 발급받았다. 쉽게 말해서 개조 후에 운항해도 좋다는 허가를 국가로부터 받았다. 이렇게 세월호는 합법적으로 허가를 받고서 2013년 3월 15일부터 운항을 시작했다.

세월호 내부 구조

나는 세월호 내부 구조도 파악하기 시작했다. 청해진 해운으로부터 입수한 설계도를 참조로 누구나 알기 쉽게 만든 도면을 받았다. 세월호 내부 구조를 층별로 그린 것이었다. 수색에 참조하기 위하여 약식으로 그려진 것이어서 승객이 탑승했던 층 위주로 표시되었다. 수중 수색이 본격화되면서 나는 그 도면을 빠르게 익혔다.

▲ 세월호 수색에 사용된 도면

선박의 갑판 구조는 조타실이 있는 최상층 갑판을 상갑판(Upper deck)이라 한다. 아래쪽으로 순서대로 제2갑판(Second deck), 제3갑판(Third deck)으로 부른다. 또는 최상층을 상갑판이라 부르고, 아래로 A갑판, B갑판, C갑판으로 부른다. 수색에 참조하는 그림에는 누구나 알기 쉽게 상갑판을 5층, 제2갑판을 4층, 제3갑판을 3층식으로 표기했다.

그 배는 3~5층에만 승객이 머무르는 객실이 있었다. 5층은 상갑판으로 선수에 조타실이 있었다. 조타실에 연이어 항해사 선원이 휴식하는 침실이 있었다. 그 뒤로는 4층으로 내려가는 계단과 VIP용 특실이 몇 개 있었다. 선미 끝부분에 전시실이 있었는데 운항 당시는 폐쇄되어 있었다. 이 부분이 2012년 개조 당시 만든 부분이었다.

4층 전체는 승객용 객실이었다. 선수와 중간 부분은 6인용 침대실과 6인용 가족실이 있었다. 선미에는 다인실이 여러 개 있었다. 다인실은 격실이 없이 방처럼 넓은 공간에 사람이 앉거나 누울 수 있게 만든 공간이었다. 단원고 학생 대부분은 4층에 머물렀다.

3층은 선수에 다인실과 침대실이 있었다. 중간 부분은 식당, 휴게실, 편의점 등 편의 시설과 휴게 공간이었다. 3층 선수 객실은 일반인 승객이 머물렀다. 선미는 기관실 선원을 위한 침실과 화물 기사 침실이 있었다.

3층 이하는 승용차 적재 공간인 중갑판이 있고, 그 아래 기관실 등 기계 설비가 있었다. 결국 승객이 머물렀던 곳은 주로 3층과 4층이었다. 수중 수색도 3층과 4층을 중심으로 전개되었다.

3, 4층 위주로 있었던 승객용 객실은 다음과 같은 종류가 있었다.

R = 1~2인용 귀빈실(로얄룸)
S = 다인실(스탠다드룸)
SP = 고급 다인실(스탠다드 프리미엄룸)
B = 8인용 침대실(베드룸)
F = 6인용 가족실(패밀리룸)

설계도와 다른 내부 구조

1차 수색 기간이었던 4월 16일부터 5월 8일까지 많은 희생자를 수습했다. 희생자 273명이 이 기간에 수습되었다. 3, 4층 다인실, 일반객실, 공용실에서 대부분 희생자가 있었다. 그런데 한참 수색이 진행되면서 구조 현장에서 이상한 소문이 들렸다. 설계도에 있는 세월호 구조와 실제 침몰 현장에 있는 세월호 구조에 다른 부분이 있다는 거였다.

구조 당국은 수중 수색을 시작하면서 청해진 해운으로부터 세월호 설계도를 넘겨받아 수색에 활용했다. 잠수사가 도면을 머릿속에 그려 넣지 않으면, 미로 같은 선체에서 한 발짝도 나아갈 수 없기 때문이었다. 그래서 수색 작업에 나서는 잠수사는 미리 설계도면을 면밀히 분석한 후 수색 경로를 결정했다. 그런데, 세월호의 설계도면이 실제 내부와 차이를 보이면서 수색작업에 차질을 빚었다.

수색을 지휘하는 해경도 처음에는 이런 부분을 알지 못했다. 물속에 들어갔다가 나오는 잠수사로부터 이야기가 나오면서 알려지기 시작했다. 그 배의 역사를 역추적해야 알 수 있는 내력이었다.

그 사연은 이랬다. 외국에서 수입한 배를 국내에서 사용하기 위해서는 등록 검사를 거쳐야 했다. 세월호도 이 과정을 거쳤다. 한국선급이 주관한 세월호 등록 검사는 2012년 10월에 시작해서 2013년 2월에 마무리됐다.

배의 일정 부분을 개조할 경우, 개조할 내용을 설계도면에 담아 설계 승인을 받은 후 조선소에서 증축을 진행시켜야 했다. 그런데 청해진 해운과 한국선급은 배의 증축과 설계도면 승인을 병행하는 방법을 썼다. 증축은 증축대로, 설계도면 변경은 변경대로 진행됐다는 뜻이었다. 한국선급이 설계도면을 승인할 시기에는 이미 세월호의 증축이 거의 마무리된 시점이었다. 그러니 설계도면과 실제 세월호 내부 구조가 다를 수밖에 없었다.

수색 당국은 설계도면을 참조하여 수색을 진행했다. 하지만 실제 수색하는 대상은 가라앉아 있는 실제 세월호였다. 그로 인하여 그렇잖아도 힘든 현장 수색 작업에 혼선을 가져왔다. 특히 증축이 주로 이루어졌던 4층 선미 부분과 5층 선미 수색에 어려움이 많았다.

이렇게 세월호에 관한 한 의혹이 끝이 없었다. 배의 도입과 개조, 등록 검사, 진수, 운항 허가…. 어느 것 하나 제대로 된 것을 찾기 힘들었다.

누군가 그 배를 '떠다니는 관'이라 표현한 것이 적절하다는 생각이 들었다.

16.
세월호 수중 선체 수색

물속 상황 인식법

등산가가 에베레스트산을 오른다고 가정해 보자.

사람들은 자기가 그 정도 산을 올라가 본 경험이 없더라도 어려움을 구체적으로 이해한다. 누구나 동네 뒷산에 올라가 본 경험이 있기 때문이다. 처음에 가볍게 걷다가, 점점 허벅지에 힘이 들어가고, 숨이 차오르며, 땀이 흐를 것이다. 경사가 심해질수록 가쁜 숨이 차오르고, 꼭대기로 갈수록 엉금엉금 기어갈 수도 있다. 그래서 8,000미터급 산을 직접 오르지 않아도 그 어려움을 이해할 수 있다. 등산은 난이도 차이일 뿐 원리의 차이는 아니다. 누구나 경험을 통해 원리는 알고 있다.

그렇다면 물속은 어떨까? 물속으로의 잠수는 대부분 사람에게 생소하다. 깊은 바닷속이라면 말할 것도 없다. 그 속을 본 적도 없고 상상하기도 힘들다. 화성의 표면 위에 있거나 공중 50킬로미터 위에 있거나 물속에 있거나 마찬가지다.

사람들은 자신의 경험에 비추어 상황을 인식한다. 사람들 대부분은 바닷속을 경험해 보지 못했으며, 경험하지 못한 것을 공감하거나 머릿속에 이해하는 것은 쉽지 않다. 짐작조차 어려운 상황에 대하여 실제보다 지나치게 단순하고 쉽게 생각하거나 현실보다 어렵게 생각할 수 있다.

그런데 당시 수중 수색에 대해서 이상하리만치 단순하고 쉽게 생각했다. 바닷속은 마치 압력도 없고, 시야도 잘 보이며, 숨쉬기도 편하고, 액체의 유동도 없는 공간으로 인식했다.

하지만 수색 현장의 물속은 다른 세계였다. 그곳은 현실이고 물리 법칙이 작용하는 냉정한 공간이었다. 우리의 바람이나 희망대로 움직여 주는 상상의 공간이 아니었다. 물속은 어둠, 압력, 조류, 파도가 존재하는 공간이었다. 여기에 더해 심리적인 두려움, 공포, 위험이 자리한 공간이었다. 물리적으로, 과학적으로, 심리적으로, 어떤 방식으로 접근한다 해도 그리 만만한 장소가 아니었다. 그곳은 TV 예능 프로그램에서 볼 수 있는 열대 바닷속 스쿠버 다이빙 놀이가 아니었다.

▲ 물속으로 잠수해 들어가는 잠수사

3부 길고 잔인했던 그해 봄

물속에서 육지처럼 자연스러운 호흡이 어렵다. 육지는 공기가 가득하다. 우리는 공기를 의식하지 못하며 코로 들이마신다. 물속에서는 어떤 식으로든 공기 호스를 통해 공기를 공급받는다. 육지에서 호흡은 일상 행동에 방해가 되지 않지만, 물속에서 입을 통해 공기를 들이마시면 불편하고 부자연스럽다.

또 물속에서는 액체가 내 몸을 둘러싸게 된다. 액체의 움직임에 따라 내 몸이 수동적으로 맡겨진다. 조류나 파도 같은 액체의 흐름은 신체를 심하게 흔든다. 깊은 곳은 시야가 흐려 보이지 않으며, 보이더라도 물의 흐름에 따라 시야가 흔들린다. 1미터 앞의 사물이 보이지 않고 내 주위가 검은 어둠으로 둘러싸인 상황을 떠올려 보자. 거기에 엄청난 압력이 몸을 짓누른다. 외부에서 내 몸을 누르는 압력으로 인하여 쉽게 숨이 차고 체력이 고갈된다.

물속 상황을 매일 취재진에 전달하는 것이 나의 일이었다. 언론사별로 특별취재팀이 상주했다. 팀장은 베테랑 차장이나 부장급이 맡았다. 팀원은 여러 명의 기자단으로 꾸려졌다. 팀원은 수시로 바뀌었다. 진도에 막 도착한 기자들이 하는 질문은 항상 같았다.

"세월호는 바닷속에서 어떤 상태로 있습니까?"
"왜 이리 수색이 더디게 진행되죠?"

수도 없이 했던 설명을 또 반복하였다.

"세월호는 좌현으로 기울어진 채 바닷속에 가라앉아 있다."

"기울어진 선체 위쪽을 통해서 아래로 진입하기 때문에 시간이 걸린다."
"바닷속은 조류가 빠르고, 시야가 확보되지 않아 수색이 더디다."
"정조 시간 이외에 수중 수색이 어렵고, 그마저 매일 하는 것이 아니다."

그러면 새로 투입된 취재진은 또 이렇게 물었다.
"40미터 물속에 있으면 곧바로 들어가서 시신을 찾아오면 되지 않나요?"

경험해 보지 않은 상황을 추상적인 언어로 설명하는 것은 한계가 있었다. 취재진 머릿속에 평온한 물속이 자리 잡고 있었다. 언어로써 그 물속을 설명하는 자체가 처음부터 어려운 것이었다. 반복해서 설명해도 이해하지 못하였고, 추궁식 질문이 반복될 뿐이었다. 취재진은 바다를 현실로 이해하는 것이 아니라, 논리로 이해하려 하였다. 결국, 나는 이렇게 말했다.

"그러면 물안경을 사서 진도대교로 가라. 진도대교 아래로 내려가 발을 담그고 그 물속을 들여다봐라. 그 속의 물 색깔과 물소리, 물의 흐름을 직접 느껴 보아라. 현장은 그것보다 수십 배 어려운 상황이다."

그제야 취재진은 조용해졌다.

선체 내부 수색

세월호는 좌현이 해저에 닿은 상태로 우현이 수면 방향으로 향해 있었다. 잠수사는 세월호 우현을 통해서 선체 속으로 오가며 수색해야 했다. 선체에 들어가거나 나오려면 수평 방향이 아닌 수직 방향 즉, 위에서 아래로 접근하는 수밖에 없었다. 선체 수색에 있어 가장 힘든 점은 빠르고 불규칙한 조류였지만, 중력을 거슬러 접근해야 하는 것도 만만치 않았다.

초기에 수면 위 바지선과 세월호 선체 사이에 4~5개 가이드라인을 설치했다. 선체 수색은 이 가이드라인을 잡고 선체로 내려가면서 시작되었다. 잠수사 2명이 짝을 이루어 캄캄한 물속으로 내려갔다. 하늘을 향해 있는 선체 우현에 닿으려면 수심 25미터 이상 내려가야 했다. 휘몰아치는 조류 속을 뚫고 깜깜한 바닷속을 내려가는 것은 쉬운 일이 아니었다. 오랫동안 경험이 많은 베테랑 잠수사에게도 그 바다는 호락호락하지 않았다.

▲ 선체 수색을 위해 입수하는 잠수사

두 명이 한 팀을 이루는 짝 잠수가 기본이었다. 무엇보다 잠수사 간 호흡이 중요했다. 물속에서 대화가 불가능하기 때문에 약속된 손짓으로 서로의 의사를 알아채야 했다. 위험이 도사리고 있는 물속에서 짝 잠수사는 서로에게 목숨줄을 맡겨 놓는 거나 마찬가지였다.

선체까지 접근하면 미리 개척해 놓은 몇 군데 통로를 통해서 안으로 드나들었다. 두 명의 짝 잠수사 중에 1번 잠수사가 선체 안으로 들어가 희생자를 수색했다. 입구로부터 장애물을 헤치고 미로를 수색해 들어가면 1번 잠수사 머리는 해저 방향으로 향한 채 진입하게 되었다.

선체 안은 통로가 이리저리 꺾여 있고 많은 물건이 떠다니거나 쌓여 있는 상태였다. 작은 움직임에도 바닥 펄이 일어나 금방 칠흑같이 변했다. 깜깜하고 좁은 통로를 손으로 더듬어 가며 전진하는 수밖에 없었다. 아래로 내려갈수록 수심은 깊어져 호흡이 가빠지고 힘들었다. 꺾인 통로나 날카로운 물건에 의해 공기줄이 눌리거나 끊어지지 않도록 조심해야 했다. 시간 제약도 있었다.

2번 잠수사는 선체 통로 입구에 버티며 작업을 했다. 물속 거센 조류로 인해 마치 누가 뒤에서 공기줄을 잡아당기는 것처럼 팽팽해졌다. 선체까지 깊이가 40미터라 해도 실제 늘어뜨리는 공기줄은 두 배 가까이 주어야 했다. 1번 잠수사에게 연결된 공기줄이 팽팽해지거나 물체에 걸려 꺾이지 않도록 신중을 기해야 했다. 1번 잠수사 움직임에 맞게 선체 안으로 공기줄을 밀어 넣거나 당겼다. 1번 잠수사의 생명줄이 2번 잠수사에게 쥐여 있었다. 둘이 한 몸처럼 움직이지 않으면 생명을 담보할 수 없었다.

희생자 시신을 발견했을 때

서해 바다 물속은 시야가 좋지 않았다. 세월호가 침몰되어 있는 맹골수도 물속은 더욱 그랬다. 조류가 흐르는 시간은 물론, 조류가 바뀌면서 흐름이 멈추는 정조 시간에도 마찬가지였다. 한 치 앞도 볼 수 없는 어둠 속에 오직 공기줄에 의지해 들어가야 하는 선체 수색은 지난한 일이었다. 장애물로 가득 찬 통로를 따라 손으로 더듬으며 나아갔다.

수중에서 들려오는 잠수사의 숨소리는 거칠고 고통스러웠다. 바지선 위에서 통신줄을 통해 그 소리를 들을 수 있었다. 통신줄을 이용해 물속의 잠수사와 수시로 정보를 주고받았다.

잠수사의 증언에 의하면 시신을 찾아내는 것은 주로 손끝의 감각에 의해서였다. 잠수사는 장갑을 끼고 작업했다. 하지만 어둡고 차디찬 물속에서 본능적으로 오감이 깨어나는 것일까? 머리카락 한 줄이라도 손끝에 닿으면 마치 맨손처럼 감각이 느껴진다고 했다. 눈앞이 보이지 않는 상태에서 더듬는 손끝의 감각에 의존해 시신을 찾아냈다. 빨간색 구명조끼가 보이는 듯하면 주위를 손으로 휘저어 찾기도 했다.

시신을 발견하면 통신을 통해 물 위 바지선에 알렸다. 연락받은 바지선에서는 즉시 3번 잠수사를 입수시켰다. 이때 스쿠버 장비를 멘

▲ 선체 수색을 위해 야간에 입수하는 잠수사

잠수사가 들어갔다. 스쿠버 장비로 신속하게 이동할 수 있고, 이미 물속에 있는 1, 2번 잠수사와 줄이 엉키지 않기 때문이었다. 3번 잠수사는 최대한 신속하게 들어가 중간 지점이나 2번 잠수사가 있는 선체 입구에 대기했다. 그리고 수면 위에 보트를 대기시켰다. 시신이 수면 위로 부상하면 시신을 거두기 위해서였다.

선체 안에서 시신을 발견한 1번 잠수사는 유실되지 않도록 양팔로 희생자 시신을 껴안았다. 온전히 희생자와 하나가 된 채 들어갔던 통로를 천천히 되돌아 나왔다. 그동안 2번 잠수사는 공기줄을 잡아당겨 1번 잠수사가 되돌아 나오는 것을 도왔다. 이제 희생자를 3번 잠수사가 인계받아 껴안고 수면 위로 부상하기 시작했다. 수면 위까지 부상하면 대기하고 있던 보트 위로 시신을 조심스럽게 실었다. 그리고 근처에 있는 해경 함정으로 옮겨 실은 후 팽목항으로 이동했다.

 깊은 물속에서 홀로 어린 학생의 주검을 마주한다는 것은 일반적인 상황이 아니었다. 물속에서의 단순한 잠수 작업 이상이었다. 물속의 물리적 환경을 극복하는 것도 있지만, 가슴을 후벼 파는 연민과 고통을 함께 견뎌야 하는 일이었다. 시신을 인계하는 잠수사 마스크 너머로 언제나 쏟아졌던 건 눈물이었다.
 그 아이는 영원히 잠수사 마음에 남았다.

17.
민간 잠수사 투입 논란

민간 잠수사 투입을 막는 해경

해경에서 민간인 잠수사 투입을 막았다는 의혹이 있었다. 대변인을 맡았던 나에게도 많은 취재진이 의문을 제기했고, 민간 잠수사 투입을 요청했다. 민간 잠수사 투입을 막는 것은 언딘에 특혜를 주기 위한 것이라는 추측성 보도도 이어졌다.

의혹의 요지는 이런 거였다. 해경이 한국해양구조협회를 고리로 언딘과 유착하였고, 언딘이 수색 작업을 주도하도록 편의를 봐준다는 것이었다. 이로 인하여 다른 민간 자원봉사자가 수색에 참여하는 것을 막았다는 것이었다. 이런 의혹이 시작된 것은 초기에 전국에서 몰려든 민간 잠수사 대부분이 수색 작업에 투입되지 못하고 되돌아가면서부터였다.

현장에 왔다가 되돌아간 일부 잠수사가 언론에 인터뷰를 했다. 인터뷰 내용은 수색 작업에 투입되지 못한 것에 대한 불만이었다.

"안타까운 마음에 신속한 수색을 하기 위해 생업을 포기하고 현장을 찾았지만, 해경이 막아 아예 물에 들어가지 못했다."

"현장에 가 보니 이미 민간 업체가 끼어 있어, 순수한 마음으로 달려갔던 자원봉사자는 수색 작업에서 완전히 배제되었다."

"자원봉사를 하러 왔는데 해경 쪽에서 아예 상대를 안 해 줬다. 언딘이 수색 작업의 모든 주도권을 쥐고 있었다."

그러자 언딘이라는 업체에 대한 특혜 보도가 이어졌다. 의혹은 이렇게 연결고리를 맞추었다. 2012년 수난구호법이 개정되면서 수난구호협력기관의 하나로 한국해양구조협회가 설립됐다. 한국해양구조협회는 수난구호 활동에서 정부와 중요한 파트너가 되었다. 한국해양구조협회 회원사 중에 10여 개 민간 구난 업체가 속해 있었는데, 이 가운데 언딘이 있었다.

이제 이야기가 되었다. 한국해양구조협회는 조난 사고가 발생했을 경우 해경과 함께 수색에 나서게 되는데, 이런 조처의 일환으로 언딘이 전면에 나서게 되었고, 특혜를 누리면서 자원봉사 잠수사를 막고 있다는 것이었다. 해경이 뭔가 특혜를 주기 위해 순수한 목적의 민간 잠수사를 막는다는 식이었다.

민간 잠수업계 관행이나 작업 방식을 모르는 국민은 이를 믿었다. 질책이 쏟아졌다. 해경은 무능할 뿐 아니라 부도덕한 집단으로 몰렸다. 과연 수백 명의 생명이 경각에 달린 상황에서 특혜를 주기 위한 목적으로 민간 잠수사를 막았을까? 나는 선뜻 이해가 가지 않았다.

수색 현장에 있는 이춘재 경비안전국장에게 연락했다. 그즈음 이춘재 국장과 나는 매일 수차례 통화를 했다. 수색 현장 상황을 파악하기 위한 것도 있었지만, 제기되는 의혹에 대해 사실을 확인하는 전화가 대부분이었다. 새벽부터 전화기를 잡았다. 그리고 민간 잠수사를 되돌려 보낸 사유에 관해 이야기했다. 한 시간이 넘는 통화를 끝내고 나는 다시 취재진 앞에 섰다.

민간 잠수업계의 현실

사고 발생 직후 해경, 해수부, 한국해양구조협회 등을 통해 광범위하게 민간 잠수사를 모집했다. 전국에서 모인 수백 명은 안타까운 사고 현장에서 생명을 구하려 모여들었다. 하지만 맹골수도의 거친 물살은 위험하기 짝이 없었다. 그곳은 스쿠버 장비 정도만 메고 물속으로 뛰어들 수 있을 만큼 쉬운 바다가 아니었다.

당시 규정상(유해·위험 작업의 취업 제한에 관한 규칙)으로 볼 때 표면공급식 잠수(SSDS)로 수중에서 행하는 작업은 다음 중 하나의 요건을 갖추어야 했다.

1. 잠수기능사보 이상의 자격증 소지자
2. 직업 능력 개발 훈련 이수자
3. 3개월 이상의 작업 경험자
4. 해당 교육 기관에서 교육을 이수한 자

법령에서 요구하는 자격이었지만, 민간 잠수업계 관행은 이와는 많이 달랐다. 민간 잠수사는 해병 특수수색대, SSU, UDT, 특전사 등 특수 부대 출신이 대부분이었다. 그래서 선후배가 대부분이었고, 엄격한 위계 체계가 있었다. 또 전국 어디에서 일을 하든 서로 잠수 실력을 잘 알았다. 이들 사이에 자격 여부는 그리 중요한 것이 아니었다.

구난 회사 등에 상시 고용된 경우도 있었지만, 부정기적인 작업이 더 많았다. 수중 공사 등이 진행되는 현장이 생기면 알음알음 연락하여 작업을 시켰다. 고위험 직종이니만큼 보수도 많았다. 특히, 표면 공급식 잠수는 생명을 담보로 하는 작업이어서 서로에 대한 믿음이 중요했다. 자연스럽게 잠수 작업에 팀워크를 중요시했다. 수중 작업을 하는 잠수사와 잠수 바지선에서 지원하는 텐더는 한 몸처럼 일해야 한다.

▲ 잠수를 위해 회의 중인 민간 잠수사

그런데 사고 직후 전국에서 모여든 민간 잠수사가 모두 경력이나 실력이 있는 것은 아니었다. 이에 비해 수색 현장의 상황이 그리 녹록하지 않았다. 실제 맹골수도의 조류를 파악하지 않은 상태에서 바다에 뛰어들었다가 휩쓸린 사례가 많았다.

익명을 요구한 수중 구호 단체 관계자는 "400명 정도가 잠수사를 신청했는데, 전문가도 있지만 레크리에이션 자격증을 가진 비전문가들도 많다."라며 "정부가 잠수병, 장비 부족, 개별 능력 검증 어려움 등을 이유로 민간 다이버의 수색 작업에 신중한 것은 사실"이라고 말했다.

해군 특수 부대에 오래 근무했던 베테랑 잠수사 조○○ 씨의 신동아 인터뷰를 들어 보자.

"한번 해 보겠다고 해서 험악한 수중 환경에 단련되지 않은 사람을 다 들여보낼 수는 없다. 경험 없는 일부 잠수사는 조류에 떠내려가 실종됐다가 어선에 구조되기도 했다. 수중 수색도 하나의 작전이다. 그런데 작전 개념이 없었다. 정조 시간 딱 맞춰 작업하는데, 배 타고 밀고 들어와서 '나도 들어가겠다.'라고 하면 작업 중인 사람에게 지장을 주고 위험을 초래한다."

결국, 해경이 자격이 없는 민간 잠수사를 통제하게 된 것은 안전사고 발생 위험 때문이었다. 나는 민간 잠수사를 통제하게 된 사유를 취재진에게 설명했다. 하지만 그때는 해경 때리기가 한참인 시기였다. 현실적 설명이나 합리적 해명이 받아들여지지 않던 시기였다. 언론 기사는 여전히 해경에 대한 의혹을 쏟아 냈다. 여론이 반대 방향으로 극적으로 바뀐 것은 외부 요인 때문이었다.

▲ 거친 조류에 안간힘을 쓰는 잠수사

잠수사 사망, 그 이후

5월 6일 민간 잠수사 故 이○○ 씨가 사망했다.

그날 새벽 6시경 세월호 5층 로비 등에 대한 2차 수색용 가이드라인을 연결하기 위해 입수했었다. 가이드라인을 연결할 때 해경과 해군은 스쿠버를 이용하여 2인 1조로 설치했다. 그러나 민간은 일반적으로 표면공급식 후카 장비를 이용하였고, 공기줄 엉킴 때문에 통상 혼자서 작업했다.

故 이○○ 잠수사는 잠수 자격증은 없었으나, 10년 이상 산업 잠수 경력자로서 충분한 능력이 있는 것으로 판단했다. 당일 정조 시간은 오전 6시 39분, 유속은 0.3~0.4노트로 수중 작업 환경이 양호했다.

그리고 5월 30일. 故 이□□ 잠수사가 수중 작업 중 사망했다. 팔팔 바지선 작업 현장에서 입수하여 4층 선미 외판 절개 작업 중 폭발 사고로 사망했다. 故 이□□ 잠수사는 총 20년 넘게 잠수 작업에 종사했던 베테랑이었다.

잠수사 사망 이후 언론은 돌변했다. 일제히 자격도 없는 민간 잠수사를 투입한 해경을 비난했다. 그리고 투입 중인 잠수사의 자격과 경력에 대해 문제 삼았다. 잠수 관련 자격 서류를 뒤늦게 요청하는 등 사고 초기와 정반대의 태도를 보였다. 앞뒤가 맞지 않는 태도였지만, 그때는 그때고, 지금은 지금이었다.

당시 언론 기사를 보자. 2014년 6월 2일《동아일보》에 실린 기사다. "숨진 이 씨가 하던 수중에서의 선체 외벽 절단은 산업잠수사 자격증을 갖거나 숙련 경험을 가진 전문가가 할 수 있는 고난도의 작업이다. 이 씨는 잠수사 생활을 하긴 했지만, 산업잠수사 자격증은 없었다. 하지만 해경이 주민등록증이나 자격증만 제대로 확인했어도 이 씨는 작업에 참여하지 못했을 것이다."

불과 얼마 전까지 민간 잠수사 투입을 막는다고 해경을 비난했었다. 오직 여론의 추이를 따라 잠수사 투입을 요구했었다. 잠수사 개개인의 능력이나 자격 등은 전혀 문제 삼지 않았었다. 바다 상황이 변한 것은 아무것도 없었다. 변한 것은 그동안 잠수사 두 명이 사망했다는 것이었다.

당시 인터넷에 게재되었던 글이 일관성 없는 태도를 잘 보여 준다.

〈사고 전〉

"수색 안 한 거냐 못 한 거냐? 수색대는 위험 무릅써야 되는 거 아니냐? 조류 탓 감압 탓 하지 말고 빨리 다 투입해서 작업해라. 민간 잠수부들 왜 돌려보내냐? 자격이 미달이라고? 한 명이라도 더 들어가야지! 하여튼 정부는…."

〈사고 후〉

"왜 위험하게 작업했냐? 왜 급하게 했냐? 왜 투입시켰냐? 하여튼 정부는…."

잠수사 사망에 대한 언론 브리핑을 하는 날이었다. 나는 동일한 사안에 대한 이중적인 태도를 보이는 언론을 향해 언성을 높였다. 공개된 브리핑 장소에서였다. 하지만 칼자루를 쥐고 있는 측은 언론이었다. 언론이 움직이지 않으면 소용없었다. 내가 직접 국민을 설득시키고 여론을 바꿀 수는 없었다.

18.
수난 구조마저 민영화하다

수난 구조마저 민영화하다

사고 초기 구조를 둘러싸고 여러 의혹이 있었다. 구조 당국인 해경도 전대미문의 참사에 구조 세력 투입을 놓고 우왕좌왕했다. 사고를 예측하고 대비하고 있었다면 모를까 하나하나의 결정이 쉽지 않았다. 나는 대변인으로서 쏟아지는 의혹에 대해 해명해야만 했다. 일부 언론은 현장을 취재하여 사실을 내보내기보다, 의혹 자체를 빠르게 보도하는 역할에 충실했다. 급기야 "고명석 대변인에 따르면, 정부가 수난 구조마저 민영화했다."라는 언론 보도가 쏟아졌다. 4월 19일 백 브리핑 직후였다.

이날은 민관군 합동 구조팀이 처음으로 선체 내부에서 실종자 시신을 발견한 날이었다. 취재진은 실종자 시신을 발견했던 민간 업체의 잠수 능력에 관해 물었다. 이에 대하여 나는 국가와 민간 업체를 비교하여 설명했다.

"일반적으로 민간 업체는 수중에서 발파, 시설 공사, 파이프 공사 등 다양한 작업을 한다. 물속에서 장시간 작업하기 때문에 수면공급식 잠수 방식을 취한다. 평소 수중 작업에 대한 경험이 풍부하여 심해 잠수 능력이 뛰어나다."

"현재 계약된 잠수 업체는 '언딘 마린 인더스트리'라는 업체이다. 심해 잠수를 전문적으로 하는 구난 업체다. 수중 선체 수색, 구난 작업을 전문적으로 하기 때문에 때에 따라서는 군경보다 능력이 있을 수 있다."라고 설명했다.

그 설명을 듣고 언론은 일제히 보도했다. 고명석 대변인에 따르면, 정부의 장비와 인력만으로 해양 사고를 해결하기 어렵고, 민간에게 맡기는 소위 '수난구호의 민영화'가 되었다는 것이었다. 일반 국민이 보도 내용을 반복적으로 접하면 정말 정부가 구조를 민간에 이양한 것처럼 받아들일 수도 있었다.

이것은 수난구호 체계에 대한 이해가 깊지 않은 데서 연유했다. 국가 기관과 민간 업체가 잠수 작업을 하지만, 그 목적은 근본적으로 차이가 있다. 단순화하면, 사고 발생 시 국가 기관은 사람을 구조하기 위해 뛰어들지만, 민간 업체는 선박을 구난하기 위해 뛰어든다. 민간에는 구조 업체가 있을 수 없다. 선박을 인양하는 구난 업체만 있을 수 있다.

구조(Rescue)와 구난(Salvage)은 엄연히 다른 개념이다. 나는 백브리핑에서 단순한 잠수 능력, 즉 구난(Salvage)을 비교 대상으로 설명하였었다. 그러니 구조와 구난을 구별하지 않은 취재진 입장에서

▲ 입수를 준비하고 있는 잠수사

그 말이 이상하게 들렸을 수도 있었다.

민간이 구조를 도울 수는 있어도 구조를 사업으로 하지는 못한다. 그들은 영리를 추구하기 때문이다. 민간 업체가 구조를 위해서 고정급 잠수사를 상시 고용할 수는 없다. 언제 발생할지 모르는 해양 사고에 대비해 매달 임금을 지불하는 것은 극히 비효율적이기 때문이다.

또 선박 인양 등 구난 작업으로 수익을 낼 수 있으나, 급박한 상황에서 생명을 구하는 구조 작업으로 이윤을 추구하기는 어렵다. 민간 업체는 평소에 잠수사를 고용해서 수중 공사, 수중 선박 수리, 구난 작업 등을 하다가, 해양 사고가 발생하면 국가 기관을 도와 구조 활동에 종사하는 것이다.

결국, 생명을 구하는 활동으로 돈벌이를 할 수 없다. 그래서 민간에서 이윤이 창출되지 않는 구조 업체를 운영하지 않는다. 현실에 존재하는 민간 업체는 명칭이 어떻든 간에 구난 업체이지 구조 업체는 아니다. 구조를 목적으로 하는 민간 업체는 세상 어디에도 존재하지 않는다.

구조(Rescue)와 구난(Salvage)

그렇다면 구조와 구난은 어떻게 구별할 수 있는가?

일반 국민 입장에서 이를 구별하기는 쉽지 않다. 어쩌면 당연한 일이다. 육상에서는 어떠한 사고든지 눈으로 볼 수 있다. 화재 사고나 교통사고가 발생하면 현장을 직관하며 곧바로 이해할 수 있다. 타오르는 불길을 뚫고 건물로 들어가 사람을 구하거나 무너진 건물 속에서 실종된 사람을 구하기 어렵다는 것을 눈으로 보면 알 수 있다.

하지만 바다는 그렇지 못하다. 사고 현장은 멀리 떨어져 있으며, 직접 볼 수 없는 경우가 대부분이다. 현장에 왔다 하더라도 수중에서 이루어지는 구조나 구난 작업에 대해서 자세히 알 수 없다.

예를 들어 보자. 도로에서 교통사고가 발생하면, 소방이나 경찰이 신고를 받고 달려온다. 국가 기관이 신속하게 달려오는 이유는 교통사고로 인해 발생한 사상자를 신속하게 구하기 위해서다. 사고 차량을 처리하는 것은 후순위다. 그래서 생명을 얼마나 신속하게 구조하느냐가 국가 기관의 능력이고 존재 이유다.

그런데 사고 차량은 소방이나 경찰이 처리하지 않는다. 견인 업체가 대가를 받고 처리하게 된다. 견인 업체는 사고 차량을 견인해서 수리해 주고, 금전적 대가를 받는다. 사고가 발생하면 어디선가 견인차가 재빨리 나타나는 것을 보고 깜짝 놀란 경험이 있을 것이다. 다른 업체보다 빨리 현장에 도착해야 사고 차량을 선점할 수 있고 돈벌이가 되기 때문이다.

결국 국가 기관인 소방이나 경찰은 사람의 생명을 구하는 구조(Rescue)에 집중하는 것이고, 민간 업체는 사고 차량의 구난(Salvage)에 관심이 있는 것이다. 경찰차보다 견인차가 사고 현장에 먼저 도착할 수도 있다. 이런 경우 견인차가 다친 사람을 구할 것이다. 윤리·도덕적 측면에서 구하겠지만, 사람을 구조하는 것이 견인 업체의 존재 이유는 아니다.

이제 해양 사고를 보자. 골격은 육상 사고와 같다. 여기서도 정부 기관은 조난자 생명을 구하는 데 집중하고, 민간 구난 업체는 가라앉은 선박의 인양에 관심을 가지게 되어 있다.
　수상구조법에도 구조(救助)와 구난(救難)을 명확히 구분하고 있다. 구조는 조난당한 사람을 구하는 것이고, 구난은 조난당한 선박을 인양하는 것이다. 금전적 이익이 없다면 구난 활동은 있을 수가 없다. 언딘이 초기에 구조 현장에 달려온 이유도 결국은 세월호 구난, 즉 인양에 참여하길 기대했기 때문일 것이다. 언딘은 구조 업체가 아니다.

하지만 구조이든 구난이든 해양 사고가 발생하면 수중에 들어가서 작업하는 것은 마찬가지다. 구조를 위해서는 가라앉은 선박에 들어

가거나 선박을 로프로 묶거나 크레인으로 인양하는 등 활동 자체가 물속에서 이루어진다. 민간 구난 업체는 해양사고 시에만 활동하는 것이 아니라, 평소에 수중 공사, 선박 인양을 한다. 그래서 구난 업체의 잠수 능력이 뛰어나다는 것이었다.

수난 구조에서 국가와 민간 부문

당시 수중 구조에 해경, 해군, 소방, 문화재청 등 인력과 장비가 있는 국가 기관이 모두 참여했다. 그뿐 아니라 민간 업체도 다수 참여했다. 하지만 많은 참여 기관은 '수중 작업'을 하는 기관이었지, '수중 구조'를 하는 기관은 아니었다. 지금도 '수중 구조'를 주요 임무로 하는 국가 기관은 극소수에 불과하다. 더구나 표면공급식 잠수(SSDS)로 본격적인 심해 구조를 임무로 하는 기관은 해양경찰청 중앙해양특수구조단과 해군 해난구조전대(SSU) 정도이다.

해양경찰 중특단은 세월호 사고 이후에 창설되었다. 사고 당시에 해양경찰은 표면공급식 잠수(SSDS)가 없었다. 그래서 당시에 수중에서 장시간 작업하지 못했다. 하지만 해군 해난구조전대(SSU)는 역사가 오래되었고, 해경에 비하면 장비도 잘 갖추어져 있다.

해난구조전대(SSU)는 임무 특성상 평시에도 수중 작전을 수행한다. 해양 재난·사고 시 최우선으로 투입되는 부대로서 심해잠수사와 수상함구조함 및 잠수함구조함으로 구성되어 있다. 잠수함구조함인 청해진함, 수상함구조함인 통영함, 광양함이 이 부대 소속이다.

▲ 해군 SSU 수색 모습

 해군의 잠수 기법은 3단계로 분류될 수 있다. 임무 수행의 가장 기초가 되는 수심 40미터 정도는 스쿠버 잠수(SCUBA: Self Contained Underwater Breathing Apparatus)를 활용한다. 수심 90미터까지는 표면공급식 잠수(SSDS: Surface Supplied Diving System)를 활용한다. 90미터 이상 심해저는 포화 잠수 방식(Saturation Diving)을 이용한다. 해난구조전대(SSU)는 세 가지 방식을 모두 활용하는 유일한 국가 기관이다.

 이에 반해 해양경찰 중앙해양특수구조단은 스쿠버 잠수와 표면공급식 잠수를 활용하며, 포화 잠수 방식은 활용하지 않는다. 여기서 잠수 방식을 상세하게 설명할 수도, 그럴 필요도 없다. 다만, 사고마다 다양한 형태의 선박이 전복·침몰하며, 수중 구조 상황도 사고마다 차이가 난다는 것이다. 그래서 조난자를 구조하는 방법이나 상황은 그때마다 달라진다.

결국, 어느 기관에 수중 구조를 전담시킬 것인가의 문제는 조난자를 최대한 신속하게 생존 상태로 구하겠다는 목표와 직결된다. 군함 구조에 뛰어난 해군 SSU, 일반 선박 구조에 특화된 해경 중특단, 일반 선박 구난을 주로 하는 민간 업체. 구조 능력이 다르고 장비에서 차이 나지만, 대형 사고에서 협력해야 하는 이유다.

수중 구조와 관련하여 미국 제도를 참고할 필요가 있다. 미국은 수중 구조를 해안경비대(U.S. Coast Guard)가 아닌 해군, 민간 다이버, 산업 잠수사 등에 맡기고 있다. 함정, 헬기 등에 근무하는 해안경비대 구조대원은 표면 구조만 허용된다.

생명을 구하는 활동은 가장 급박하고 중요하다. 우리가 관심을 가져야 하는 것은 이를 맡는 기관이 국가 기관인지, 민간 조직인지가 아니다. 어느 기관이 가장 신속하고 효율적으로 해낼 수 있는 조직인지이다. 우리가 따져 봐야 할 것은 누가 구할 것이냐의 명분이 아니라, 어떻게 구할 것이냐의 실현 가능성이다.

19.
장비만 모르는 장비기술국장

산소통과 공기통도 구별하지 못하는 대변인

시간이 지나도 구조 성과가 나타나지 않자 해경을 비난하는 여론이 들끓었다. 더불어 대변인을 비난하는 기사도 늘어 갔다. 대표적인 것이 '산소통과 공기통' 기사였다.

당시 보도되었던 《세계일보》 기사 내용을 보자.

"펜대만 굴린 해경 지휘부… 산소통과 공기통 구분도 못해 - 세월호 침몰 사고와 관련해 브리핑을 도맡아 하는 고명석 범정부대책본부 대변인의 설명은 전문가답지 못했다. …… 대변인은 잠수사들의 구조·수색 활동을 설명하면서 수차례 '산소통'을 언급했다. ……"

기사 내용이 틀린 것은 아니었다. 그렇다고 내가 산업용 또는 의료용 산소통과 잠수할 때 쓰는 공기통을 구별하지 못하는 수준도 아니었다. 차분하게 용어를 선택하면서 언론 브리핑을 할 만한 여유가 없었다. 잠수용 공기통을 의미하면서도 '산소통'이라는 단어를 썼다. 내가 단어 선택을 잘못한 것이었다.

개인적으로 억울하다는 생각이 들었지만, 이미 내가 뱉어 낸 뒤였다. 나는 매일 물속에서 전개되는 수색 상황을 설명해야 하는 직책이었다. 실수였다고 변명하기에 당시 상황은 매우 엄중했다. 나는 이에 대해 별다른 해명을 하지 않았다.

해병대 복무 경험과 취미 생활로 했던 스쿠버 다이빙 경험은 수중 수색 상황을 설명하는 데 도움이 되었다. 해병대 근무는 강화도 본도와 부속 섬에서 했었다. 여기서 조수의 차에 의한 조류 흐름이 얼마나 빠른지 눈으로 볼 수 있었다. 3년 가까이 바다를 바라보며 복무했었다.

스쿠버 다이빙은 평소 해 보고 싶은 스포츠였다. 해경에 입사 후 몇 년간 다이빙을 즐겼다. 처음 바닷속으로 입수했던 기억이 떠올랐다. 속초 앞바다였다. 보트에서 뛰어내려 하잠줄을 붙잡고 바닥을 향해 내려갔다. 파도에 이리저리 몸을 밀리며 천천히 내려갔다. 중간중간 압력을 조절하려 잠시 쉬었다.

그러다가 눈에 들어오는 바닷속 공간을 쳐다보았다. 위, 아래, 옆을 차례로 보아도 공간은 끝이 없었다. 그 공간 속을 파랑만이 채우고 있었다. 바닥은 보이지 않았다. 닿을 곳이 없는 거대한 공간 속에 나 혼자 있었다. 불현듯이 공포가 엄습했다. 바다의 거대함과 나, 넓음 속의 막연함이었다. 한참을 더 내려가 바닥이 보이고 나서야 마음이 가라앉았다.

장비만 모르는 장비기술국장

사고 3일 차부터 시작한 언론 브리핑이 벌써 보름째를 넘기고 있었다. 매일 아침 10시, 오후 5시 두 번씩 진행하였다. 10시 브리핑에서는

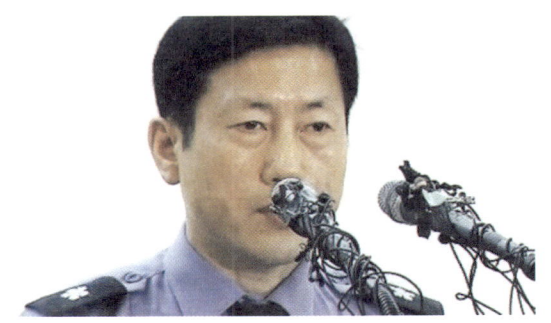

▲ 브리핑하는 고명석 대변인

밤새 진행된 수색 성과와 그날의 수색 계획을 설명하였다. 5시 브리핑에서는 그날의 수색 성과에 대해서 짧게 설명하였다.

카메라가 켜진 상태로 연단 위에서 약 10여 분 정도 수색 결과를 발표하고 질문을 받았다. 그 장면은 실시간 뉴스 방송으로 송출되었다. 그러고 나면 연단 아래로 내려와 백 브리핑을 하였다. 백 브리핑에서는 카메라가 꺼졌다. 수색에 관한 취재진의 질문이 쏟아지는 시간이었다. 짧게는 30분, 때로는 1시간 넘게 이어졌다. 취재진에게는 현장에 대한 궁금증을 풀 수 있는 시간이었다. 하지만 내게는 가장 힘들고 곤혹스러운 시간이었다.

나는 구조 현장에서 벌어지는 상황에 대해 짧고 명료하게 전달하려 노력하였다. 결론부터 이야기하고 부가적인 설명을 이어 갔다. 수중에서 벌어지는 구조 현장을 설명하는 것이다 보니 쉽게 이해되지 않는 부분이 많았다. 잠수와 관련된 용어도 생소하였다. 'ROV, 크랩스터, SSDS, 재호흡기, 멀티 빔, 다이빙 벨, 나이트록스….' 이런 잠수 용어는 평소 접하는 단어가 아니었다.

물속 움직임이나 현상에 대해 설명하는 것도 애를 먹었다. 물속으로 들어갈수록 기압 차가 나고, 감압이 필요하며, 시야가 제한되고, 작은 장애물도 위험했다. 이런 것을 잠수 경험이 없는 이에게 이해시키는 것이 간단한 일이 아니었다. 구조 상황을 파악하고 전달하기도 빠듯한 시간이었다. 취재진도 잠수에 대해 공부를 해 가며 취재를 해야 하는 상황이었다. 평온하고 일반적인 상황에서의 취재나 언론 브리핑이 아니었다.

어느 날 10시 브리핑을 마치고 복도를 따라 걷고 있었다. 친분이 있는 기자가 다가오며 말을 걸었다.

"국장님, 직책이 해경 장비기술국장이잖아요?"
기자는 눈을 크게 뜨고 정면으로 응시하며 물었다. 입꼬리가 살짝 올라가 있었다.
"네, 그렇죠. 장비를 도입하고 유지·관리하는 책임을 지고 있죠."
내가 걸으면서 무심코 대답했다. 그러자 그 기자는 신기하다는 듯이 말을 이어 갔다.
"국장님은 여러 분야를 잘 아는데, 장비에 대해서만 잘 모르네요."

뒤통수를 한 대 얻어맞은 느낌이었다. 장비기술국장이 장비에 대해서 모른다는 질책이었다. 그날은 '크랩스터'라는 탐사용 로봇에 대한 취재진 질문이 있었던 날이었다. 생긴 모양도 특이하고 해저를 꽃게처럼 걸어 다니면서 실종자를 수색한다니 취재진의 관심을 끌었다. 크랩스터에 관한 많은 질문이 쏟아졌지만, 나는 제대로 대답하지 못했다. 그것은 나도 처음 듣는 장비였다. 결국 크랩스터를 개발하고 운용하는 전문가가 언론 브리핑에 참석하여 답변했다.

이것은 하나의 사례에 불과했다. 구조 현장에 투입되는 장비에 관한 취재진 질문이 다양했지만, 자세히 답변하는 것은 쉽지 않았다.

다양한 수색 구조 장비

당시 현장에는 다양한 장비가 소개되고 투입되었다. 예를 들어 보자. 대표적인 장비로 ROV가 있다. ROV는 'Remotely Operated Vehicle'의 약자로 '원격 무인 탐색기' 또는 '원격 조종 탐색 장비' 정도로 해석되는 장비이다. 이 장비는 수난 구조 현장에서 익수자 수색을 위한 원격무인형 추진기로 실시간 수중 탐색과 촬영을 할 수 있는 장비이다. 모선에 장착된 조종 장치를 통해 원격으로 제어가 가능하다.

이 장비에는 카메라가 장착되어 있어 해저 상황을 촬영하거나 로봇 팔을 이용한 간단한 작업이 가능하다. 사람이 작업하기 힘든 해저 환경에서 해저 자원의 탐사, 침몰된 선박의 인양 작업, 바다 밑바닥의 기름 제거 작업, 해저 케이블 설치, 각종 수중 구조물의 설치 및 수리 등에 사용된다.

크랩스터는 당시 선박해양플랜트연구소에서 개발하여 시험 운용 단계였지만, 구조 현장에 투입되었다. 심해 탐사용 로봇인 크랩스터는 게처럼 생긴 탐사 기계로 여섯 개의 다리로 걸어 다니는 해저 보행 로봇이다.

마치 꽃게처럼 옆걸음으로 이동하기도 하고 다리를 이용해 헤엄치기도 하는데, 구조 현장 해저를 정밀하게 촬영하는 데 사용하였다. 해저 생태계와 자원을 탐사하는 데 최적화한 기계였다. 하지만 선체에 진입하거나 선체 안을 수색할 수 있는 기능과는 거리가 멀었다.

▲ 다관절 수중 보행 로봇 크랩스터

미국 구조팀이 현장에 투입하려 했던 재호흡기도 있었다. 재호흡기는 수중에서 잠수사가 내뱉는 기체를 재활용할 수 있는 장비였다. 잠수 시간을 늘려 주고 공기 방울이 나오는 것을 줄일 수 있었다. 재호흡기 투입은 승인에도 불구하고 불발로 끝났지만 이에 대한 질문은 계속되었다.

이 외에도 다각도 수중 카메라, 다이빙 벨, 전자코 시스템, 나이트록스 등 많은 수색 장비가 거론되거나 시도되었다. 처음 들어 보는 장비도 있었고, 이름은 알지만 처음 보는 장비도 있었다.

해경 장비기술국장은 해경 현장에서 활용하는 대형 장비를 도입하고 유지·관리하는 책임을 맡고 있는 직책이었다. 함정, 항공기, 보트류를 비롯해 차량, 소모 물품까지 구입하고 관리했다. 그렇다고 해서 수천 종류의 장비에 대해서 구조, 성능, 작동법을 모두 알고 있는 것은 아니었다. 하지만 취재진은 이런 것을 고려하면서 질문하지 않았다. 궁금한 것을 질문할 뿐이었다.

그러니 장비만 모르는 장비기술국장이 있을 수 있었다.

그게 바로 나였다.

20.
그놈의 손모가지를 잘라라

번복되는 숫자, 쌓여 가는 불신

세월호 승선자 수인 476명은 처음부터 논란이 있었다.

승선자 숫자는 첫날부터 변화무쌍했다. 사고 당일인 4월 16일에만 일곱 번이나 번복되었다. 행정안전부 중대본의 공식 발표가 그 시작이었다. 하루 동안 476명 → 477명 → 459명 → 462명 → 475명으로 널뛰듯 바뀌었다. 정부에 대한 신뢰가 땅에 떨어졌다.

승선 인원수가 확정되기까지 쉽지 않은 과정을 거쳤다. 세월호 승선 절차대로 승선자를 확정하는 것에는 허점투성이였다. 승선권을 구입해서 여객선에 탑승하는 절차를 토대로 당시 어떤 허점이 있었는지 살펴보자.

첫 번째로, 일반 여객은 승선권을 전산으로 발권하여 구매했다. 출발 당일 여객터미널 승선 출입구에서 발권한 승선권을 개찰하는데, 이때 승선신고서를 작성하여 제출했다. 승선신고서에는 승선자 성명, 성별, 생년월일, 연락처를 적었다.

하지만 승선할 때 승선신고서 내용과 승선자가 일치하는지는 확인하지 않았다. 여객 운송 사업자는 필요한 경우 승선자에게 신분증 제시를 요구할 수 있으나, 이에 대해 승객이 항의하기 때문에 실제 확인하는 경우는 드물었다.

승선자가 승선신고서 제출에 소극적이거나 부실하게 또는 허위로 적어 내는 경우 명단과 실제 승선자가 일치하지 않았다. 승선신고서에 이름을 휘갈겨 적어 이름을 알아볼 수 없는 경우도 많았고, 다른 사람 이름을 적으면 확인할 방법이 없었다. 실제 해경 수사팀의 승선자 명단 확인 과정에서 본인과 일치하지 않거나 이름을 알아볼 수 없는 경우가 많았다.

두 번째로, 차량 운전자는 차량·여객 승선권을 발권한 후, 차량 탑재 과정에서 승선신고서를 제출했다. 하지만 이 경우에도 허점이 많았다. 인천과 제주를 정기적으로 왕복하는 화물 차량이 많았고, 승선신고서에 신고하지 않은 동승자를 화물 차량에 무임승차시키는 경우도 있었다.

세 번째로, 승선권을 구매한 후 실제 탑승하지 않고 비행기 등 다른 교통수단으로 제주도로 가기도 했다. 이 경우 서류상 탑승 인원수와 실제 탑승 인원수가 일치하지 않았다. 이 외에도 승선신고서에 본인을 알아볼 수 없게 적어 넣은 경우도 있었다. 이러면 서류상 탑승 인원수와 실제 탑승 인원수가 같다 하더라도 사람이 뒤바뀌는 것이었다. 실제 4월 21일과 23일 수습된 2구의 시신이 탑승 명단에 없었던 중국인으로 밝혀지기도 했다.

결국 수사 과정에서 해경 수사팀이 해수부로부터 통보받는 승선자 명부는 애초부터 실제 승선 인원과 일치한다는 보장이 없었다.

승선자 476명이 확정되기까지

승선자 수 476명이 최종 확정된 것은 5월 8일이었다. 사고 발생 이후 그때까지 승선자 수는 무려 일곱 차례나 번복되었다. 발표 기관도 중대본, 서해지방해양경찰청, 사고대책본부 등 다양했다. 그러다가 공식적인 발표는 사고대책본부로 일원화하는 것으로 통일되었다.

하지만 5월 7일 승선자 현황이 다시 정정되었다. 4월 21일과 23일 수습된 2구의 시신이 승선자 명단에 없던 중국인이었다는 것이 확인되었다. 취재 기자로부터 전화가 빗발치기 시작했다. 승선자 명단에 전에 없던 중국인 사망자가 더해지고 숫자가 변동되는 것이 이해할 수 없다는 것이었다.

나는 설명을 들어 보려 해경 형사과장에게 전화를 걸었다. 형사과장은 승선자별 카드가 476장이 있다고 했다. 그리고 이들의 승선, 구조, 사망, 실종 여부를 일일이 전화를 걸거나 주소지를 방문하여 또는 시신을 눈으로 확인해서 확정해 두었다는 것이었다. 하지만, 1시간이 넘는 통화에도 불구하고 승선 명단 변동에 대한 내용을 나조차 이해할 수가 없었다.

▲ 진도군청 대강당 브리핑실 입구

밤 9시가 넘어가고 있었다. 취재진에게 연락해 급히 간이 브리핑을 했다. 취재진에게 설명을 해야 하는데 나도 확신이 서질 않았다. 나는 어떻게든 설명을 하려 1시간 넘게 노력했으나, 계속되는 질문에 결국 답을 주지 못했다.

30분 넘게 설명과 질문이 오고 간 끝에 취재진은 내게 말했다.

"고 국장님, 설명 감사합니다. 그런데 왜 그렇게 되는지는 이해가 되질 않네요."

"애쓰셨어요. 오늘은 이만하고, 내일 담당자를 불러 주세요."

결국 다음 날인 5월 8일 해경 형사과장이 진도군청에 불려 왔다. 그리고 의혹이 해소되었다. 형사과장 일행은 몇 개의 박스로 나누어 476명의 승선자 카드를 들고 왔다. 한 명 한 명의 승선자 카드를 꺼

내서 설명했다. 그제야 승선자 수에 대한 의문이 풀렸다.

그 손모가지를 잘라라

혼란이 있었던 것은 승선자 수뿐만 아니었다. 희생자 숫자도 수시로 오류가 있었다. 언론의 속보 경쟁은 이를 더욱 복잡하게 만들었다. 일부 언론사는 민간 선박을 빌려 현장 가까이서 취재 경쟁을 펼쳤다. 그러다 보니 현장에서 인양되는 희생자를 직접 확인하고 임의로 희생자 숫자를 보도하는 경우가 많았다.

또 취재진은 팽목항으로 들어오는 희생자를 가까이서 볼 수 있었다. 여기서 겉옷이나 신체 특징을 토대로 "시신은 김○○이다"라는 추측성 보도를 내보냈다.

모 방송 뉴스 자막에는 벌써 새로운 희생자 확인 기사가 보도되고 있었다. 그 자막을 신호로 다른 언론사 기자로부터 경쟁적으로 전화가 걸려 왔다. 보도 전에 대변인에게 확인하기 위한 절차였다. 그러다 보니 일부 뉴스 자막에 내보내는 희생자 수가 오히려 정부 발표보다 앞서갔다.

예컨대, 오전 10시 전까지 정부에서 발표했던 희생자가 100명이었고, 10시쯤 5명이 수습되었다 치자. 일부 속보 경쟁에 휩싸인 방송사는 현장 취재 기자가 송고하는 즉시 자막에 희생자가 105명으로 변동되었다고 보도했다. 5명에 대한 신원 확인도 안 된 상태에서 희생자 숫자로 카운트해서 보도하는 것이었다. 하지만 추가로 수습된 인원이 5명이 아닐 수도 있었고, 시신이 옷 상태나 겉모습을 보고 선불리 추정하는 것은 위험한 발상이었다.

언론사 속보 경쟁에 따라 이리저리 밀려다니다가는 다시 오보가 크게 터질 상황이었다. 나는 대변인실 직원들을 모두 불러 모았다. 그리고 언론에 섣불리 확정되지 않은 희생자 통계를 확인해 주지 말 것을 직원들에게 지시했다. 잘못하면 정부가 오보를 인정해 주는 꼴이 되기 때문이었다. 시신 확인 절차가 끝나지 않으면 절대 희생자 숫자를 변동시키지 말라고 지시했다.

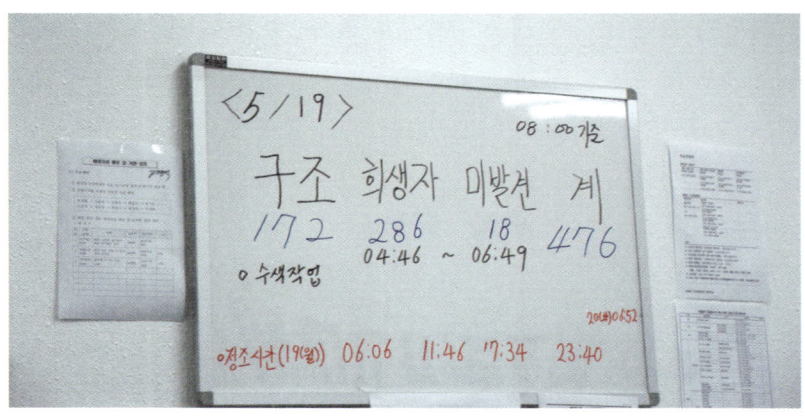

▲ 대변인실에 걸린 화이트보드

그리고 화이트보드를 구해 오게 했다. 그걸 대변인실 벽면에 걸었다. 그 보드 위에는 큰 글자로 날짜와 희생자 숫자를 적었다. 희생자 숫자는 현장에서 확인하고 통보받는 것이 정상이었다. 하지만 현장에서 헷갈려 잘못 알려 주는 경우가 있었다. 언론은 참을성이 없었다. 희생자 신원을 확인하는 그 시간을 기다려 주지 않았다.

보드에 오늘의 희생자 숫자를 적고 난 나는 비장한 각오로 직원들을 돌아보았다. 그리고 힘주어 말했다.

"이걸 건드리는 놈은 누구든지 그 손모가지를 잘라라."
"3009함에, 팽목항에 그리고 신원 확인팀에 이중 삼중으로 확인한 후 변동되는 숫자를 적는다."
"이곳에는 내 입에서 말하는 것 외에 무엇도 적을 수 없다."

직원 중에서 정○○ 경위를 전담으로 지정했다. 그 직원만이 화이트보드에 적힌 숫자를 지우거나 새로 쓸 수 있었다. 그 외 거기에 손대는 누구도 손모가지를 보장할 수 없었다. 이제 대변인실에서 희생자 숫자 공식 통계를 집계하고 발표하는 상황이 벌어졌다.

21.
다이빙 벨 투입 소동

새로운 빛, 다이빙 벨

시간이 가면서 희생자 시신 인양이 지지부진해졌다.

강한 조류와 시계 불량으로 잠수사가 수면에서 해저까지 이동하는 데 체력이 소모되고 시간이 걸렸다. 선체에 도착하더라도 복잡하고 캄캄한 선내를 수직 방향으로 수색하는 데 제약이 많았다. 이런 수중 환경 때문에 한 번에 장시간을 수색할 수 없었다.

수색에 성과를 내려면 수중에서 장시간 머무를 수 있는 장비가 필요했다. 그러던 중 TV 종편 프로그램에 다이빙 벨이 장시간 수중 수색에 효과가 뛰어나다는 주장이 있었다. 알파잠수기술공사 이종인 대표였다.

4월 24일 저녁. 다이빙 벨 투입 여부를 놓고 이주영 해양수산부 장관과 실종자 가족이 만났다. 이 자리에서 실종자 가족이 다이빙 벨 투입을 강력히 요구했다. 가족 입장에서는 지푸라기라도 잡는 심정으로 어떤 장비라도 투입해서 희생자를 찾고 싶었다. 회의 결과 다이빙 벨을 투입하기로 결정되었다.

다이빙 벨(Diving Bell) 또는 잠수종은 바가지를 엎어 놓으면 안에 공기가 남아 있는 원리를 이용하는 것이다. 종 모양의 구조물을 선박에 매달아서 기계로 올렸다 내렸다 하며 운용하는데, 그 안에 형성된 에어포켓에 지속적으로 공기를 공급한다. 잠수사가 좀 더 쉽게 물속으로 이동할 수 있고, 물속 추위와 조류의 영향을 덜 받게 된다. 다이빙 벨에 통신선을 가설하여 지상과 통화하며 작업할 수도 있다.

아리스토텔레스 기록에 의하면, 그리스인이 기원전 4세기경 가마솥을 뒤집어 놓고 수직으로 하강시켜 그 안에서 호흡을 했다고 한다. 또 기원전 333년에 알렉산더 대왕이 수중 구조물을 점검하기 위해 직접 잠수종을 타고 잠수하였고, 해전(海戰)에 잠수사를 활용해서 적의 전함을 침몰시켰다고 전해진다.

▲ 현장에 투입되는 다이빙 벨

다이빙 벨의 효과성

　다이빙 벨은 일정한 작업 환경에서 수중 작업을 할 때, 많은 장점이 있다. 잠수사가 물속으로 이동하는 데 편리하고 안전하다. 가고자 하는 해저까지는 에어포켓이 있는 안전한 공간에서 이동할 수 있다. 그뿐만 아니라 다이빙 벨을 수중에 고정시키고 일종의 베이스캠프처럼 사용할 수도 있다. 이럴 경우, 잠수사가 수면 밖까지 나오지 않고 휴식을 취하거나 재정비를 할 수 있는 장점이 있다.

　필요한 경우 폐쇄식 다이빙 벨을 표면 위의 감압 챔버와 도킹시켜 사용할 수 있다. 다이빙 벨은 수면으로 끌어 올려져 표면 위 감압 챔버에서 잠수사는 바로 감압할 수 있다. 감압 챔버에 격실이 나누어져 있다면, 잠수사를 교대시키기에 편리하고 안전하다. 이는 주로 시간을 요하는 극한 상황에서 장시간 작업을 해야 하는 특수한 상황에 대단히 유용하다.

　하지만, 다이빙 벨은 줄에 매달아서 바닷속으로 늘어뜨리는 방식으로 운용되기 때문에 조류가 강하면 휩쓸리게 되는 문제가 있다. 그래서 다이빙 벨 성공 여부는 조류 속도와 관련이 깊었다. 조류 속도로 인하여 다이빙 벨의 무게 추를 해저에 고정시킬 수 있는지가 중요하다. 이것이 불가능한 경우 다이빙 벨 설치 자체가 어렵다.

　다음으로 다이빙 벨이 해저에서 올바른 자세 유지가 가능한지도 중요하다. 장비가 강한 조류로 올바른 자세를 유지하지 못하는 경우

흔들림이 심하고 유속 방향에 따라 회전하는 문제로 잠수사 안전사고 발생이 우려되기 때문이다. 정조 시간대에 다이빙 벨을 고정시켰다 하더라도, 조류 속도가 빨라지거나 조류 방향이 바뀌면 안전을 보장할 수 없게 된다. 또한 다이빙 벨 자체가 그곳으로부터 밖으로 나와 작업을 하는 잠수부의 위험이 해결해 주지는 않는다.

당시 해군은 민간 업체 다이빙 벨보다 성능이 좋은 폐쇄식 다이빙 벨을 보유하고 있었다. 하지만 파도로 인한 선박에 고정하기 어렵고, 유속으로 인한 사고 위험성이 있으며, 수중 시야가 불투명한 문제로 운용하지 않았다. 해군은 다이빙 벨이 조류 속도 2노트 이하, 수심 60~300미터에 적합한 장비여서 사고 해역에는 적합하지 않은 것으로 판단했다. 그래서 해군은 표면공급식 헬멧 잠수 방식을 계속 사용했다.

부풀려진 기대, 그리고 실패

다이빙 벨 투입을 둘러싼 찬반양론이 있었지만, 다이빙 벨 효과성을 알고 있는 해양 전문가는 정작 입을 다물었다. 실종자 가족이 실오라기 같은 희망을 걸고 투입을 결정한 마당에 나서서 반대하기는 어려웠다. 사고 해역에서 이런 장비를 운용해 본 사례가 없는 현실에서 결과를 장담할 수 없기도 했다.

원래 다이빙 벨은 4월 25일경 투입할 계획이었다. 다이빙 벨을 현장에 투입하게 되면 기존의 수중 작업은 모두 중단시켜야 했다. 다이빙 벨을 사용하려면 장비를 실은 선박을 바지선에 고정시키고, 운용에 필요한 작업을 해야 했다. 또 다이빙 벨을 운용하는 시간대에는 줄 꼬임 등으로 다른 작업은 모두 중지시켜야 했다.

25일 알파잠수기술공사 측은 다이빙 벨을 설치하는 데 실패했다. 이후 바지선을 넘나들며 앵커 작업 등을 벌이던 공사 측은 갑자기 다이빙 벨을 다시 바지선에 싣고 먼 바다 쪽으로 철수했다. 이후 4월 26일 새벽에 현장에 다시 접안하여 작업에 돌입하였으나, 앵커가 꼬이거나 조류가 너무 강해 바지선을 고정시키지 못해서 다이빙 벨을 설치하는 데 또 실패했다. 이후 4월 29일 다이빙 벨을 실은 선박을 바지선에 고정시켰으나, 실제 투입은 이루어지지 않았다.

5월 1일 정조 시간이 되어서야 처음으로 투입이 되었다. 하지만 기대했던 것만큼 수중 수색이 이루어지지는 못했고, 성과도 기대만큼 내지 못했다. 다이빙 벨을 투입했던 시간에 다른 수색 활동은 멈춰야 했다.

다이빙 벨 관련된 논란으로 2014년 10월 영화 〈다이빙 벨〉이 만들어져 상영되었다. 영화는 다큐멘터리 영화로 만들어졌다. 하지만, 다큐멘터리 영화가 갖추어야 할 사실에 근거한 심층적인 분석과 입증은 찾아 볼 수 없었다. 다이빙 벨의 효과성을 보여 주기보다는 기존 수색 방법을 비판하는 데 기대어 있고, 사람의 감정과 영상에 호소할 뿐이었다. 어느 평론가가 이야기하듯이 "주장은 거대하지만 이를 뒷받침하는 근거가 미약하니, 영화는 부실"해졌다.

구조 현장에서 오랫동안 있었던 잠수사도 다이빙 벨 효용성에 대한 의문을 제기하며 이렇게 언급하였다.

"조류에는 영향을 받지 않는다고 말했지만, 전문 잠수사들은 이 말을 아무도 믿지 않고 있었다. 언론을 통해 호언장담하던 20시간 연속 잠수도 거짓말이라는 것은 잠수에 대해 아는 사람이라면 모두 알고 있었다."

애초에 사고 현장은 다이빙 벨을 투입하여 구조 성과를 낼 수 있는 바다가 아니었다. 조류 속도에 가장 취약한 장비가 다이빙 벨임에도 조류가 가장 빠른 해역에서 성과를 낸다는 것은 처음부터 무모한 시도였다. 현실에서 그 장비를 투입할 수는 있지만, 성과를 낸다는 것은 확률이 매우 낮았다.

결국, 다이빙 벨 소동은 성과 없이 흐지부지 끝났고, 혹시나 하는 실종자 가족의 애타는 마음을 더욱 절망으로 빠뜨리고 말았다.

22.
잠수 바지선 생활

민관군 합동 구조팀

세월호 침몰 초기부터 해상 수색을 강화하였다. 바다에서 활동하는 여러 기관이 참여하였다. 선박을 운용하는 국가 및 지자체 그리고 민간 선박까지 동원되었다. 여기에는 해경·해군뿐만 아니라 소방 구조선, 문화재청 수중문화재 발굴선, 민간 선박이 포함되었다.

선체에서 희생자 시신이 유실될 것을 대비하여 그물망, 로프, 유실 방지 차단봉 등 다양한 방법으로 선체 개구부를 차단하였다. 다음으로 사고 해점에서 10킬로미터 이내 해역은 해경·해군·채낚이 어선 등을 중심으로 꼼꼼히 수색하였다. 사고 해점 반경 60킬로미터 해역까지 해경·해군 등 함정이 24시간 수색하였다. 이 외에도 사고 해점 반경 137킬로미터까지 항공 수색, 민간 선박, 육군, 공군 등이 수색했다.

수중 수색과 구조를 위해서 민관군 합동 구조팀이 만들어졌다. 이 팀은 해경 특수구조단, 해군 SSU, 민간 잠수 업체로 구성되었다. 잠수 바지선에서 수중으로 입수하여 선체로부터 희생자를 수습하기 위한 팀이었다.

합동 구조팀은 한 팀이었지만, 잠수 방식은 기관별로 달랐다. 해군 SSU는 표면공급식(SSDS)을 사용했다. 물 위에서 공기줄을 통해 컴프레서로 잠수사에게 공기를 공급하는 방식이었다. 민간 잠수 업체도 표면공급식(SSDS)을 사용했다. 다만, 해군은 잠수사가 머리에 금속 또는 플라스틱으로 된 헬멧을 쓰는 헬멧 방식을 사용하는 반면, 민간 잠수 업체는 잠수사가 마스크나 레귤레이터를 입에 물고 호흡하는 후카 방식을 사용했다.

해경은 표면공급식을 사용하지 않았고, 잠수사가 공기통을 메고 잠수하는 스쿠버 방식만을 사용했다. 당시만 해도 해경은 해상 구조의 소관 기관으로서 수중 구조 체계가 완비되지 못했다. 그래서 선체 내로 진입하여 수색하는 역할보다 선체 밖에서 1번 잠수사를 지원하는 역할에 한정되었다.

▲ 구조 현장의 잠수 바지선 모습

표면공급식(SSDS)으로 작업을 하기 위해서는 바지선으로부터 공기를 공급받아야 했다. 이를 위해서는 현장에 바지선이 있어야 했고, 바지선을 고정하기 위한 고정 작업(앵커링)이 선행되어야 했다. 사전 작업 기간이 최소 3일 정도 필요했다. 이런 부분에 대해 일반 국민은 이해하지 못했다. 5분 만에 현장에 나타나 곧바로 구조 작업에 돌입하는 육상 사고만을 봐 온 입장에서는 그럴 만했다. 바다는 시간과의 싸움이었고, 이를 지켜보는 국민은 안타깝고 답답했을 것이다.

합동 구조팀을 전체적으로 지휘하는 것은 해경이었다. 수상이든, 수중이든 구조에 관한 한 해경에 법적인 지휘 권한이 있었다. 하지만, 표면공급식 잠수 체계를 사용하지 않는 해경이 심해 잠수 작업을 지휘하는 데 어려움이 있었다.

전체적인 수색 계획을 세우고 방향을 결정하는 것은 가능했지만, 작업 인원 관리부터 구체적인 작업 지시까지는 쉽지 않았다. 이 때문에 해경은 민간 잠수사나 해군과 적극적으로 협력하며 구조 작업을 진행했다.

수색과 희생자 수습

잠수 바지선에서 세월호 선체와 연결되는 가이드라인이 설치되면서 본격적인 잠수 작업이 시작되었다. 잠수는 구획별로 2~3개 팀으로 나누어 진행되었다. 잠수 작업 중에 수중에서 '엄빌리컬(Umbilical)'이라 불리는 공기줄이 서로 얽히지 않도록 공간을 충분히 확보해야 했다.

해군팀의 헬멧 방식(Helmet Diving)은 헬멧을 고정시키므로 장비가 안정적이며, 좀 더 안전한 방식이었다. 하지만, 장비가 무겁고 잠수사의 움직임이 제한적이었다. 반면, 민간의 후카 방식(Hookah Diving)은 마스크 또는 호흡기를 사용하므로 비교적 가볍고 움직임이 자유로웠다. 반면, 안전성 면에서는 상대적으로 취약했다.

흐린 시야와 거센 조류로 인해 잠수 작업은 그야말로 사투였다. 그 바다는 '흙탕물'이라는 표현이 어울리는 바다였다. 정조 시간에도 1미터 이상의 시계를 허용하지 않는 바다였다. 그야말로 눈을 감고 팔을 휘저으며 물속을 나아가는 상황이었다. 거친 소리를 내는 조류는 잠수사를 쉽게 날려 버렸다. 물에 뛰어드는 순간 초속 수 미터 속도로 물살에 쓸려 가기 일쑤였다.

이런 극한 상황에서 수심 40미터 가까이 물속으로 들어가야 선체 수색이 가능했다. 바지선에서 선체로 이어지는 공기줄은 조류에 밀려 나선형으로 꺾였다. 침몰한 선체에 진입하려면 잠수사는 우현 객실로 통하는 창문을 깨고 진입해야 했다. 위에서 아래 방향으로 들어가서 몸을 거꾸로 한 채 수평 방향으로 수색했다. 중력을 거꾸로 받으며 암흑 속 미로를 더듬어야 하는 잠수사의 고통은 이루 말할 수 없었다.

미로처럼 꺾인 통로에 공기줄을 끌고 들어가다가 날카로운 물체나 유리 조각에 공기줄이 끊기는 경우 목숨을 보장할 수 없었다. 통로나 벽에 매달린 물체에 걸려 납벨트가 풀어지는 경우도 위험하긴 마찬가지였다. 혹은 어둠 속에서 눈앞의 물건을 보지 못하고 머리를 부딪치는 경우도 있었다.

수색 기간이 길어지면서 여러 문제도 속출했다. 세월호 선체가 오랜 시간 물속에 잠겨 있었기 때문이었다. 선체 벽면이 무너져 내려 통로를 막거나 수색 도중 쏟아져 내려 안전에 위협이 되었다. 천장이 벽면이 되고 벽면이 없어지기도 했다. 일부 격실은 무너져 내린 물건과 벽체로 인해 통로가 막혀 진입 자체가 불가능했다.

시간이 갈수록 희생자 시신도 점점 형체를 알아볼 수 없게 변해 갔다. 잠수사가 직접 끌어안고 부상하던 방식으로는 수습이 불가능했다. 결국 시신을 담는 자루를 물속으로 가지고 들어가 수습했다. 물속의 상황은 점점 극복하기 어렵게 변해 갔다.

잠수 바지선 위의 생활

민관군 합동 구조팀을 운용하기 위해 다양한 장비와 역할이 필요했다. 장비는 바지선, 컨테이너, 컴프레서, 잠수 장비(슈트, 공기줄, 헬멧), 측정기 등이 필요했다. 공간은 감압실, 회의실, 의료실, 휴식 장소 등이 필요했다. 잠수사 인원도 있었지만, 의사 등 전문적 의료진도 상주해야 했다. 바지선 위는 혼잡했다.

잠수 작업이 시작되면 팀 단위로 잠수사를 지원했다. 1번 잠수사는 팀장의 지휘하에 꼼꼼하게 장비를 점검하고 입수를 준비했다. 선체에 진입하는 임무를 맡는 만큼 안전에 특히 유의했다. 2번 잠수사도 장비를 착용했다. 나머지 팀원은 입수하는 잠수사 안전을 위해 공기줄, 측정기 등을 점검했다.

잠수사가 입수하면 지원하는 팀원은 바짝 긴장했다. 물속 잠수사 움직임에 맞추어 공기줄을 늘여 주고, 수심과 수압을 체크하고, 조류를 체크하고, 이를 잠수사에게 전달했다. 1번 잠수사가 선체를 수색하는 동안 팀원들은 최고의 긴장 상태로 지원 태세를 유지했다. 물속에서 어떤 돌발 상황이 벌어질지 알 수 없었다. 잠수 작업이 끝나고 1, 2번 잠수사가 수면 위로 부상해도 긴장을 놓지 못했다. 장비를 풀고 감압하고 다음 잠수를 위해 장비를 정비해야 했다.

현장인 맹골수도는 녹록지 않았다. 수색 작업이 길어지면서 부상자가 속출했다. 잠수를 끝내고 감압 과정에서 실신하거나, 급상승 과

▲ 챔버 안에서 감압 중인 잠수사

정에서 잠수병으로 쓰러졌다. 또 수중에서 호흡이 막혀 죽을 고비를 넘겼고, 선실에 진입한 상태에서 객실이 무너져 다친 경우도 있었다.

그뿐만 아니라 극한 상황에서 잠수 작업은 잠수사를 극심한 트라우마에 빠트리기도 했다. 시신 수습에 나섰던 잠수사는 물속에서 충격적 장면 때문에 자살 충동을 느꼈다.

초기에 잠수 작업 후 휴식을 충분히 갖지 못했었다. 잠수는 1회 작업 후 12시간 이상을 휴식해야 한다. 또 1회에 장시간 잠수하지 말아야 한다. 하지만 숙련되고 경험 많은 심해 잠수사가 부족한 상태에서 잘 지켜지지 않았다. 잠수병을 방지하려면 감압 과정이 필수적이었다. 정해진 감압 시간에 맞춰 상승하려면 중간에 수중에서 대기한 후 상승해야 한다. 그러나 다음 입수자 시간을 확보할 수 없어 급상승하는 경우도 있었다.

식사나 휴식 공간도 부족했다. 식사는 해경정을 이용해 도시락을 팽목항에서 실어 날랐다. 한 시간을 배로 운반하면 따뜻하게 식사하기는 어려웠다. 취침 공간도 여유가 없었다. 좁은 컨테이너 안에서 여럿이 쉬어야 했다. 컨테이너 바닥에서 잠을 자기도 했다.

▲ 잠수 바지선에 걸린 플래카드

그래도 시간이 지나면서 잠수 바지선 여건이 나아졌다. 처음 투입됐던 금호 바지선은 여건이 나은 언딘 리베로 바지선으로 교체되었다. 잠수사 건강을 위해 휴식 시간도 보장되었다. 잠수병 방지를 위해 군의관이 상주하며 의료 지원에 나섰다. 음식이나 휴식 여건도 점차 개선되었다. 여기에는 가족들이 교대로 바지선에 상주하며 잠수사 작업 여건을 일일이 챙긴 덕이 컸다.

23.
고심 끝에 해체된 해경

누구도 예상치 못한 해경 해체

세월호 사고가 발생한 지 34일 만인 2014년 5월 19일.

대통령 브리핑이 있겠다고 했다. 대통령이 국민께 사과하고 구조에 끝까지 최선을 다해 달라는 당부일 거라고 생각했다. 모두 TV 앞에 모여들었다. 화면에는 박근혜 전 대통령이 대국민 사과문을 발표하고 있었다. 모두의 시선은 박근혜 전 대통령의 입을 향해 있었다. 눈물까지 글썽이며 발표문을 읽어 내려가던 중 갑자기 튀어나온 말이 있었다.

"세월호 사고에서 해경은 본연의 임무를 다하지 못했습니다…. (중략) 그래서 고심 끝에 해경을 해체하기로 결론을 내렸습니다."

순간 나는 나의 눈과 귀를 의심했다. 함께 TV 앞에 모여 있던 동료들도 놀라기는 마찬가지였다. 전대미문의 일이었다. 임무 수행 중인 국가 기관을 예고도 없이 해체하는 경우는 정부 수립 이후 없었다. 진상 조사도 없었다. 국무 회의도 없었다. 말 그대로 충격이었다. 그리고 머릿속을 맴도는 것은 '해체'라는 단어의 의미였다.

"해경을 해체한다는 것은 어떻게 하겠다는 것이지?"
"해경이 완전히 없어지고 하던 일도 없어지나?"
"해체된 해경은 다른 정부 조직에 흡수되고 직원들도 흩어지나?"

'해체'라는 말을 듣고도 이후 전개될 상황이 도무지 머릿속에 그려지지가 않았다.

대통령은 해경의 구조 업무가 '사실상 실패한 것'이라고 단정 지었다. 이에 따라 "수사·정보 기능은 경찰청으로 넘기고, 해양 구조·구난과 해양 경비 분야는 신설하는 국가안전처로 이관하겠다"라고 설명했다.

박 대통령의 해경 해체 발표는 충격적인 조치였다. 세월호 사고 대응 과정에서 해경의 부실한 구조 역량이 노출되고 구조 지휘에 혼선이 있었던 것은 사실이었지만, 전격적으로 해체는 누구도 예상하지 못했다.

더구나 대통령의 세월호 담화에 앞서 중요한 회의들이 있었다. 2014년 5월 13일 국무 회의, 담화 발표 직전인 5월 17일, 18일 열린 청와대 내부 회의가 있었다. 국회나 정부, 청와대 어떤 회의나 논의에서도 해경 해체는 언급되지 않았었다.

박 대통령의 해경 해체 발언은 당시 큰 사회적 충격을 불러왔다. 사고에 대응하는 해경의 무기력한 모습에 대해 비판 여론이 고조되긴 했지만, '해체'라는 극단적인 해결책이 나오리라고 생각한 사람은 거의 없었다. 그러나 대통령 담화 후 해경 해체 작업은 신속히 진행됐고, 결국 해양경찰은 창설 61년 만에 간판을 내리고 외청의 지위를 상실했다.

▲ 해체로 간판을 내린 해양경찰청

가장 크게 달라진 것은 조직의 명칭이었다. '해양경찰청'에서 '해양경비안전본부'로 명칭이 바뀌었다. 하지만 약칭이 '해경'으로 같은 데다, 상징 로고도 그대로 사용하였다. 현장에서 쓰이는 함정이나 헬기 등도 여전히 '해양경찰'이라고 표기된 장비를 그대로 사용하였다.

조직의 직제는 변화가 컸다. 해양경찰은 원래 해양수산부의 외청이었지만, 이후 개정된 정부조직법에 따라 외청의 지위를 상실하고 신설된 국민안전처의 하부 조직이 되었다. 조직 규모도 축소되었다.

직무는 크게 달라지지 않았다. 이전부터 해 오던 여러 가지 업무를 그대로 수행하였다. 다만, 수사와 정보 인력 일부가 경찰청으로 이관되었고, 해양수산부가 담당하던 해상교통관제 업무를 전부 흡수했다.

이처럼 대한민국이 해양 주권을 포기하지 않는 이상 해경이 수행하는 해양 구조, 경비, 안전, 수사 등의 업무 자체를 없애는 것은 불가능했다. 벌칙 방법이 지나치게 극단적으로 행해졌다.

이후 사람들은 "실책이 있을 때마다 정부 기관을 해체하면 정부 조직이 남아나지 않을 것"이라는 자조적인 비판을 했다. 또 사회적으로 문제가 된 단체나 조직에 대해서는 무조건 '해체'를 붙이는 패러디가 유행하기도 했다. 사소한 잘못에도 "해체해!"를 외쳤다.

물속으로 잠겨 버린 해경의 사기

'해체'라는 의미는 국민에게도, 해경에게도 실감되지 않았다. 해경 조직이 없어진 것도 아니었고, 해경이 하던 일을 다른 기관이 하는 것도 아니었다. 대부분 국민은 해체가 의외라는 반응을 보였다. 해경이 구조를 제대로 하지 못한 것은 맞지만, 그렇다고 멀쩡한 임무가 있는 국가 기관을 해체하다니….

미국에 개인적으로 알고 지내던 지인이 있었다. 세월호 사고에 세계적으로 관심을 가지던 때였다. 그 지인도 해경 해체 발표를 보고 깜짝 놀랐다고 했다. 대한민국이 해양경찰을 해체하는 국가라니 믿을 수 없다는 것이었다. 미국이라면 상상도 못 할 결정이라고 했다.

해체의 당사자인 해경 직원의 반응은 절망에 가까웠다. 해체가 구체적으로 무엇을 의미하는지 그리고 이제부터 조직이 어떻게 되는 건지에 대해 막막한 심정이었다. 해경 해체 이후 정체성 혼란을 겪게 된 해경 직원은 극도의 스트레스에 시달리며 업무를 수행했다. 현장에서, 일상에서 다양한 좌절을 겪었다.

현장에서 해경이 경찰력을 행사할 수 있는 상황이 아니었다. 국민에게 무시당하는 게 다반사였다. 해양경찰관이 불법 행위를 단속하거나 계도를 하면 이렇게 말하기가 일쑤였다.

"해경은 해체된 거 아니야? 왜 단속을 나와?"
"수사권도 없는 경찰이 경찰이야?"

해경 제복을 입고 현장을 가면 수근거리며 손가락질을 했다. 해경 제복이 이렇게 부끄럽게 생각될 수가 없었다. 그야말로 공권력은 땅에 떨어졌다.

일상생활에서도 좌절을 겪기는 마찬가지였다. 퇴근 후 가족과 함께 TV를 볼 때면 어린 딸이 이렇게 물었다.

"아빠, 친구가 해경은 나쁜 사람이래. 그럼 아빠도 나쁜 사람이야?"
또는 아이가 학교에서나 친구들 사이에서 힘들어했다.
"아빠, 아빠가 해경이라고 친구들이 따돌려."
"학교에서 아빠 직업을 물으면 뭐라고 대답하지?"

아빠 또는 엄마가 해경이라는 이유로 가족 전체가 트라우마에 시

달려야 했다. 가족이 평소 자랑스럽게 여기던 직장은 하루아침에 몹쓸 곳이 되어 버렸다.

당시 해경 직원 사이에 한동안 우스갯소리가 떠돌기도 했다. '해양경찰이 해체로 가게 된 50가지 죄'라는 제목이었다. 여객선 운항과 구조 제도에 대해서 해경이 지나치게 책임을 지고 해체되었다는 글이었다. 억울함과 자조가 묻어나는 논조였다. 세 가지 죄만 옮겨 보았다.

1. 권한은 없고 책임만 지겠다고 한 죄(해운법)
2. 선원교육기관이 비상 훈련 요령에 '가만히 있으라'는 교육을 시키는지, 어떤 교육을 시키는지 확인하지 않은 죄
3. 저임금, 고령화로 교육 효과와 책임성이 떨어지는 선원들에 대해 선박 안전에 문제가 될 수 있음을 예측하고도 고민만 한 죄

주홍 글씨를 안고

해경이 해체되었지만, 임무가 바뀐 것은 아니었다. 불법 중국 어선을 단속하고, 바닷가를 순찰하며, 조난당한 국민을 구조해야 했다. 해상 불법 행위에 대한 수사 활동도 계속되었다. 기름이 유출되면 방제 활동을 했다.

하지만 해체 이후 해경들은 가슴에 주홍 글씨를 새긴 채 생활했다. 제복에 새긴 A라는 붉은 낙인은 쉽게 지워지지 않았다. 해경을 얽매

는 굴레는 여러 방면에서 움츠러들게 만들었다.

계획됐던 해경 공무원 채용 계획은 대폭 축소되거나 취소되었다. 예컨대, 2014년 3월에 필기시험이 끝난 채용시험의 체력 및 면접시험이 무기한 연기됐다. 또 2014년 연초에 공고되었던 의무경찰 선발시험이 취소되기도 했다. 이 때문에 해경 공무원 응시생은 큰 혼란을 겪었으며, 해양경찰 홈페이지 등에 불만을 제기했다. 이런 전에 없던 조치는 부정적이었던 해경에 대한 인상을 더욱 악화시켰다.

불법 중국 어선조차 해경을 비웃었다. 중국 어선은 해경 해체로 인한 단속 소홀을 틈타 무차별적으로 조업하며 어족자원 씨를 말렸다. 하지만, 해체 이후 중국 어선 단속 건수가 대폭 감소했다.

중국 어선은 어족자원 싹쓸이에 그치지 않고 서해 5도 어민들의 어구까지 훼손해 심각한 피해를 입혔다. 크게 피해를 본 백령도, 연평도 등 어민들이 정부에 피해 보상과 재발 방지 대책을 촉구하기도 했다.

해체에 따른 공권력 약화 현상으로 해상 불법 행위에 대한 수사 활동도 위축되었다. 밀입국·밀수 등 국제 범죄는 물론 불법 어업 등 내국인 범죄 단속 건수도 대폭 줄어들었다. 해양 주권 수호와 해상 치안 질서 유지에 빨간불이 켜졌다.

이처럼 '해체'가 가져온 파장은 컸으며, 그 피해는 고스란히 국민에게 돌아갔다. 이대로 계속되다가는 "안전하고 깨끗한 희망의 바다를 만들자"라는 구호가 공염불에 그치고 말 것이었다.

24. 팽목 풍경

집이 돼 버린 진도군청

들판에 누렇던 보리가 베이고 논에 벼가 심어졌다. 연초록이던 강황 싹도 짙푸른 잎을 키웠다. 계절은 바뀌었지만, 진도군청 생활이 계속되었다. 사고 이후 진도군청 직원은 통째로 다른 곳으로 옮겨 갔고, 군청은 범정부 사고대책본부가 쓰고 있었다. 1층 정면에 들어서면 로비가 있고, 중앙에 2층으로 향하는 계단이 있었다. 범정부 사고대책본부 상황실은 2층에 있었다. 3층, 4층은 해양수산부 대변인실, 회의실, 강당 등이 있었다.

대변인실은 문서고로 쓰던 4층 창고를 사용했다. 임시로 책상과 컴퓨터 몇 개를 놓고 창문 쪽에 TV를 놓은 것이 전부였다. 그곳의 하루는 단순했다. 새벽에 여관에서 일어나면 군청으로 향했다. 아침 언론 브리핑을 준비해서 마치면 점심때가 되었다. 오후에 취재진의 전화를 받으며 다양한 언론 이슈에 대응했다. 5시 저녁 브리핑이 끝나고 저녁 식사를 했다. 9시 뉴스에 거론되는 이슈를 정리하고 해명 자료까지 쓰면 자정이 되기 일쑤였다. 반복되는 생활이었다.

▲ 진도군청 전경

　잠은 직원들과 함께 군청 앞 여관방에서 잤다. 허름했지만 거리가 가까워 지낼 만했다. 식사는 도시락을 시켜 먹었다. 도시락의 메뉴는 단순했고 변화도 없었다. 김치볶음, 콩자반, 김, 돼지고기볶음 정도였다. 육상에 있던 해경 직원 전체가 먹어야 하는데 진도에는 그만한 업체가 없었다. 멀리 광주에서 배달되었다. 한 달 넘게 같은 반찬을 먹었다. 나중에는 도시락만 봐도 고개를 돌리고 싶었다. 한 달여가 지나고 군청 앞 식당에서 시켜 먹었다.

　시간이 지나면서 체력도 떨어지고, 시력도 나빠졌다. 체력을 유지하고 업무를 지속하려면 최소한의 운동은 필요했다. 밤늦게 옥상에 설치된 체력실에 올라갔다. 몸은 천근만근이었지만, 억지로 운동했다. 한 달이 지난 때부터 학교 운동장을 활용했다. 군청 옆에 진도초등

학교가 있었다. 늦은 밤 여관방으로 퇴근한 후 운동화로 갈아 신고 학교 운동장을 뛰었다. 가로등 불빛이 어슴푸레 비추는 시골 학교 운동장이었지만, 땀을 흘리며 달렸다. 힐링이 되었다. 몸은 힘들어도 정신은 더욱 맑아졌다.

어떤 날은 저녁을 먹은 후 군청 뒷산을 오를 때도 있었다. 가깝고 나지막한 산이었지만 군청을 나와 들판을 지나는 길은 활력을 주었다. 동네 어귀를 지날 때면 어김없이 진돗개가 짖었다. 산꼭대기 올라 멀리 보이는 산과 들녘을 바라보면 가슴이 트였다.

그러던 어느 날 여관에 퇴근해 보니 집에서 보내온 소포가 와 있었다. 그동안 집에 가기는커녕 전화 통화도 거의 하지 못했다. 라면 박스 포장을 뜯었다. 거기에 갈아입을 속옷과 육포, 초콜릿 같은 간식거리 그리고 비타민제가 들어 있었다. 그걸 보자 집에 온 듯한 기분이 들었다. 육포를 꺼내 직원들과 나눠 먹는 것만으로도 행복했다.

슬픔의 팽목항

팽목항 입구에서부터 수많은 몽골 천막과 컨테이너가 줄지어 있었다. 실종자 가족 대기소, 가족 지원실, 수색 상황 브리핑실, 시신 안치소, 상황 게시판, 자원봉사자 부스…. 이 외에도 다양한 구조 단체나 협회, 진도군청 공무원 지원실 등이 있었다. 그 사이로 게시판, 현수막, 상자 등이 널려 있었다.

▲ 팽목항 전경

팽목항은 사람들로 북적거렸다. 실종자 가족, 수색 및 행정지원 공무원, 질서 유지를 위한 경찰, 관련 협회나 단체 관계자, 언론사 취재진, 다양한 자원봉사자, 종교계 사람들….

그 많은 사람이 그곳에 모인 이유는 결국 실종자를 찾는 거였다. 그래서 팽목항은 슬픔이 배어났다. 기다림도 곳곳에 어른거렸다. 그래도 여럿이서 함께하면 때로 소소한 기쁨도 배어났다.

팽목항에서는 여느 곳에서도 볼 수 없는 광경이 펼쳐졌다. 실종자를 찾으려는 간절한 염원이 만들어 낸 풍경이었다.

하루는 어느 실종자 엄마가 화장을 곱게 한 채 나타났다. 그리고 방파제에서 하염없이 바닷물을 바라보았다. 꿈속에서 아이가 올라온다고 말했다며, 이쁜 얼굴로 맞으려 한다는 것이었다. 그 엄마는 실제 며칠 후 아이를 찾았다. 그 소문을 듣고 아이를 기다리는 엄마들이 하나둘씩 화장하기도 했다.

한번은 한 실종자 엄마가 밥상을 차려 방파제에 놓고 기도했다. 밥상 위는 정성스럽게 준비한 갖가지 반찬과 따뜻한 밥이 있었다. 이렇게 하면 아이가 맛있는 밥을 먹으러 나올 것이라는 염원이었다. 간절함은 끝이 없었다.

해경 이야기도 있었다. 바다 현장에 근무했던 그는 매일 아침 믹스커피를 마시는 버릇이 있었다. 차가운 바다 가운데서 마시는 커피는 속이 따뜻해지고 힘이 솟았다. 종이컵으로부터 모락모락 올라오는 수증기가 마음을 차분하게 해 줬다. 그는 어느 날인가부터 아침 커피를 열 잔씩 탔다. 물속 어딘가에 있을 아이들을 생각하면 혼자 마실

수가 없었다. 아홉 잔은 차가운 바다에 부었다. 따뜻한 커피의 온기가 아이들에게 전해지길 기원했다. 갈색 커피가 물결에 퍼져 가는 모습을 보면서 그는 남은 한 잔을 마셨다.

희생자 시신 수습이 한꺼번에 이어지면서 시신이 뒤바뀌어 오열하기도 했다. 시신이 도착하면 가족들은 팽목항 중앙에 설치된 게시판으로 모였다. 거기에 시신 수습 현황을 적어 두었다. 그러면 자기 아이 특징을 설명하며 경쟁적으로 자기 아이라 주장하는 경우가 많았다. 사고 대책본부는 시신에 신분증이 발견되나 실종자 가족이 흉터 등 아이의 신체 특징을 정확히 알고 있으면 시신을 인도했다.

그런데 시신이 바뀌는 사례가 발생했다. 그 학생은 패용하고 있던 명찰을 확인하고 가족에 인계했었다. 하지만 DNA 검사 결과 시신이 바뀌어 있었다. 나중에 알고 보니 친한 친구 사이였던 학생 둘이 옷을 서로 바꿔 입은 까닭이었다.

팽목항에서 매일 볼 수 있는 풍경이 수색 구조 상황 설명회였다. 매일 저녁 무렵 그날 현장의 수색 결과를 실종자 가족에게 설명했다. 현장 잠수 바지선에서 나온 이춘재 국장이 주로 설명했다. 그 시간에 유실 방지 T/F에서 유실물 습득 등 일일 성과도 함께 설명했다. 수색 성과가 없는 날은 팽목항에 무거운 침묵으로 조용했다.

시간이 지나면서 희생자 시신을 찾은 가족은 하나둘 팽목항을 떠나갔다. 가족을 지원하던 자원봉사자나 관련 단체도 줄었다. 6월 말이 되었을 때는 팽목항이 쓸쓸하기까지 했다.

▲ 팽목항 가족지원상황실 전경

평온을 찾아가는 진도읍

사고 초기 진도읍 거리는 애도와 침묵이 메우고 있었다. 거리에 지나는 사람들 발걸음은 무겁고 얼굴은 웃음기가 없었다. 조용히 갈 길을 가거나 가끔씩 길게 한숨을 쉬는 사람도 있었다. 길가 식당과 술집에 술잔을 기울이는 왁자지껄한 분위기는 아예 찾아볼 수 없었다.

시간이 지나면서 읍내 분위기도 조금씩 변했다. 한 달 넘게 시켜 먹던 배달 도시락에 물려 갈 무렵, 가끔 군청 앞으로 점심을 먹으러 갔다. 지나다니는 사람들이 어김없이 내 얼굴을 알아봤다. 매일 TV에 언론 브리핑을 했으니 그럴 만도 했다. 뒤돌아보며 수군수군하기도 하고, 세월호 대변인 맞냐며 인사를 건네기도 했다.

한번은 읍내 미용실에 들러 길게 자란 머리카락을 잘랐다. 다음 날 대변인실 박○○ 계장이 우연히 그 미용실에 다녀왔다가 내게 말했다. 박 계장이 이발할 동안 미용실 주인은 텔레비전에 나오는 대변인이 어제 왔다 갔다고 이야기했다고 한다. TV에 나온 사람을 바로 앞에서 본 것이 신기했던 모양이었다. 그런 말을 듣고 나니 그 이야깃거리가 된 내가 더욱 신기했다.

밤늦게 군청을 나와 여관으로 퇴근했다. 가로등이 켜진 도로를 따라가고 있을 때였다. 선술집에서 술잔 기울이는 소리가 들렸다. 오랜만에 느껴 보는 선술집 분위기였다. 그동안 저녁 시간에 식당에 갈 시간도 없었지만, 술잔을 기울인다는 것은 엄두도 내지 못하던 때였다. 그 안을 힐끗 쳐다보고는 발걸음을 돌렸다. 그런 분위기를 느껴 본 것도 오랜 기억처럼 아득했다.

그래도 가끔은 밤늦게 간식거리를 사서 여관방에서 직원들과 먹었다. 지치고 힘든 생활 속에 소소한 행복을 가져다준 시간이었다.

그렇게 팽목의 시간은 가고 있었다.

▲ 노을이 지는 현장의 바다

25.
희생자 유실 방지 임무를 맡다

새로운 임무

시간은 5월 중순으로 접어들었다. 정신없이 바빴던 시간이 지나자 조금씩 풍경이 눈에 들어왔다. 밭에 심어 놓았던 강황잎은 짙은 녹색으로 변했다. 모내기를 마친 무논에는 벼가 줄지어 자라기 시작했다. 진도에 처음 왔을 때 연녹색은 어느덧 짙은 녹음이 되어 갔다.

초기에 세월호 선체에 진입하기 위해 유리창 등을 깨고 수색을 진행했다. 시간이 흐르면서 선체의 개방된 개구부를 통해 시신이 바다로 유실될 가능성이 제기되었다. 희생자 유실 가능성은 실종자 가족에게 중요한 문제였다. 회의에서 이에 대한 철저한 대책을 여러 번 요청했다. 이에 사고대책본부는 '희생자 유실 방지 T/F'라는 임시 조직을 구성했다.

T/F는 시신 유실을 막기 위해 이중으로 대책을 시행했다. 먼저 선체 개구부에 유실 방지 차단봉과 차단봉을 개폐할 수 있는 장치를 설

치하여 만약에 대비했다. 다음으로 혹시 선체에서 시신이 유실되더라도 먼 바다로 흘러가는 것을 막기 위해 사고 해점 60킬로까지 외곽을 수색하는 지원팀을 운영했다.

▲ 시신 유실을 막기 위해 외곽을 수색하는 선박들

지원팀은 해경, 해수부, 지자체, 군, 경찰, 소방 등이 참여하였으며, 3개 반으로 운영했다. 해양수산부를 중심으로 하는 '어선 수색반'은 저인망·닻자망·안강망 등 민간 어선을 동원하여 해역에 어구를 투망해 유실물을 수거했다. 인근 양식장 주변 그물망도 확인했다.

육군을 중심으로 하는 '해안도서 수색반'은 군과 경찰 병력으로 인근 도서를 수색하고 해안가 유실물을 수거했다. 국립해양조사원을 중심으로 하는 '해양 조사반'은 해양조사선과 소나(SONAR)를 이용해 세월호 침몰 주변 해저를 탐사하는 임무를 맡았다.

그즈음 수중 수색은 계속되었지만, 성과가 나지 않았다. 이에 따라 선체 수색을 마친 격실을 반복적으로 수색했다. 나는 대변인 역할을 계속하고 있었다. 매일 진행하던 언론 브리핑은 중단되었다. 취재진에 매일 알릴 만한 이슈가 없었다. 나는 여전히 진도군청에 상주했으며, 사고 현장을 헬기나 해경정으로 다녀오거나, 팽목항에 들르기도 했다.

그러던 어느 날 희생자 유실 방지 임무를 맡으라는 명령이 내게 떨어졌다. '희생자 유실 방지 T/F'의 지원팀 팀장 임무였다. 당시 팀장은 해양수산부 수산정책실장이 맡고 있었다. 곧바로 업무를 인계받았다. 생소한 업무였고, 여러 기관과 협력이 필요한 업무였다. 이제부터 대변인을 겸직하면서 지원팀도 책임져야 했다.

유실 방지를 위해 현장으로

팀장을 맡자마자 진도경찰서 인근에 위치한 사무실에서 지원팀 회의를 소집했다. 회의에 해양수산부, 전남도와 진도군, 경찰, 육군, 국립해양조사원 등이 참석했다. 나는 이 업무가 얼마나 중요한지를 강조했다. 참여 기관에 능동적인 협력과 지원을 당부했다. 그리고 현장으로 달려갔다.

먼저 가까운 육군 해안 소초를 방문했다. 해안가에 있는 소초에 가까운 바다와 해안가를 감시하기 위해 열상감시장비(TOD)를 운용했다. 이 장비는 물체의 열을 감지해서 영상으로 보여 주는 장비였다.

해병대 복무 시절이 생각났다. 그때 한강을 마주하여 북한군과 대치하면서 해안 감시 업무를 했었다. 방문한 소초는 3교대로 레이더, TOD 등 감시 장비를 운용했다. 나는 소초장과 병사에게 업무 현황을 보고받으며, 시신 유실에 대비한 감시 업무에 최선을 다해 줄 것을 당부했다.

▲ 쌍끌이 저인망과 근해 안강망 조업도(수산업법 시행령 별표)

두 번째로 사고 현장 외곽에서 유실 방지를 하는 어선을 방문했다. 시신 유실 방지에 참여한 어선 유형은 쌍끌이 대형 저인망, 근해 안강망, 닻자망 등이었다. 쌍끌이 저인망은 두 척의 배가 그물줄을 한 가닥씩 잡고 일정한 거리를 유지하면서 저층을 끌며 잡는 방식이다. 쌍끌이 저인망 선박은 사고 현장 주변에서 그물을 끌면서 혹시 모를 시신 유실에 대비했다. 특히, 이 배들은 야간에 조명을 밝혀 수색 작업을 지원했다.

근해 안강망과 닻자망 배에는 직접 방문했다. 근해 안강망은 해저에 닻을 고정시키고 닻에 연결된 그물 속으로 들어간 물고기를 잡는 방식이다. 사고 현장으로부터 조류가 흘러 나가는 외곽 해역에 배치했다. 전라남도가 운용하는 어업지도선을 타고 근해 안강망 작업 현장에 갔다. 사고 현장에서는 거리가 상당히 떨어진 해상이었다.

여러 척의 안강망 배는 닻을 내리고 그물을 펼친 채 유실에 대비하고 있었다. 내가 탄 배가 도착하자 차례로 닻을 올려 그물에 걸린 것을 확인했다. 그날은 특이한 유실물이 수거되지는 않았다. 나는 배 위에 근무 중인 어민을 격려하면서 현장을 돌아보았다.

다음으로 닻자망이 설치된 수역으로 이동했다. 닻자망은 해저에 수직으로 막대를 여러 개 세우고 거기에 그물을 설치하여 물고기를 갇히도록 해서 잡는 방식이다. 안강망보다 외곽 수역의 조류가 흘러나가는 곳곳에 설치되어 있었다. 닻자망은 수 킬로에 걸쳐 설치되어 있었고, 몇 군데 그물을 올려 유실물이 있는지 확인했다. 두 곳을 방문하자 벌써 하루해가 저물었다.

며칠 후 방문한 곳은 국립해양조사원이 운용하는 해양조사선이었다. 해양조사선은 해저 지형을 탐사하고 해저 물체를 식별할 수 있는 기능이 있었다. 해양조사선을 방문한 것은 처음이었다. 나는 수중 음파를 이용해 물체를 탐지하는 장비인 사이드스캔소나를 작동하도록 하여 탐색을 시작했다.

크레인으로 물속에 장비를 넣고 천천히 배를 운항하며 혹시 있을 유실물을 탐지케 했다. 탐지된 해저 지형은 컴퓨터로 형상화하여 화면에 표출되었다. 만약 유실된 시신이나 물건이 있다면 포착할 수 있었다. 몇 시간을 운항하였으나 그날 성과는 없었다.

그 외에도 현장 주변 유·무인도나 해안가는 현지 어민이나 경찰, 육군이 도보로 다니며 수색했다. 육상의 원거리 현장은 직접 가 보지 못했다. 거기에서 수거되는 유실물이나 물건이 보고되었다. 하지만 그 물건이 전부 세월호에서 유실된 것은 아니었다. 가족들 확인을 거쳐 되돌려주었고, 일부는 보관 창고에 보관했다.

바다는 넓다

팽목항에는 유실물 보관을 위한 임시 창고가 설치되어 있었다. '희생자 유실 방지 T/F'는 일일 실적과 수거물 등을 팽목항에서 하는 회의에 매일 보고했다. 운동화, 가방 유실물이 발견되면 희생자 것인지 확인했다. 수거물이 발견된 지점을 지도에 표시하고 가족에게 설명했다. 희생자 물품도 있었고, 그렇지 않은 것도 있었다.

사고대책본부는 유실 방지를 위해 철저하게 계획을 세웠다. 사고 현장으로부터 이중, 삼중으로 방지 대책을 세웠다. 지도상으로 보면 방지 대책은 충분해 보였다. 하지만 바다는 넓었다. 실제 바다 현장에 가 보면 달랐다. 현장에 갈 때마다 완벽한 유실 방지가 가능할까 하는 회의가 들었다. 그렇다고 저 넓은 바다 위에 촘촘하게 배를 띄울 수는 없는 노릇이었다.

주어진 자원을 최대로 활용하고 정성을 다하는 길밖에 없었다. 그리고 희생자 시신이 세월호로부터 유실되지 않았기를 기도했다. 나는 T/F 팀원들에게 유실 방지 임무에 최대한의 노력을 기울여 달라고 거듭 요청했다.

4부

두 번째 인연

4부를 들어가며

《팽목일기》 4부는 세월호 인양과 그 이후의 이야기이다.

　인양 논의가 본격적으로 진행된 것은 2015년부터였다. 해양수산부는 2015년 4월부터 인양 작업에 착수하였다. 해양수산부는 1년 후인 2016년 7월까지 인양을 완료하겠다는 입장을 밝혔다. 하지만 인양은 계획대로 진행되지 않았다.

　2015년 12월.
　나는 국민안전처 소속 서해해경비본부장으로 발령받아 목포로 내려갔다. 해경이 해체된 후 만들어진 국민안전처에서 대변인으로 1년간 근무한 이후였다. 일반적으로 지방청장급 기관장의 근무 기간은 1년이었다.

그런데 2016년 연말 인사에서 서해해경본부장직에 유임되었다. 특별한 경우였다. 그래서 2017년도도 서해해경본부장으로 계속 근무하게 되었다. 그리고 그해 봄 세월호가 인양되었다.

그 배와 두 번째 인연이 시작되었다. 뭍에서도 선체 수색과 미수습자 수습은 해경의 일이었다. 우연인지 필연인지는 알 수 없었다.

아무래도 질긴 숙명 같은 거였다.

26.
두 번째 인연

3년이 걸린 세월호 인양

2014년 11월 11일. 미수습자 가족의 양해 속에 수중 수색이 종료되었다. 수색이 종료되면서 자연스럽게 다음 단계인 선체 인양으로 관심이 옮겨 갔다. 인양에 대해서 2014년 말부터 논의가 있었고, 기술적인 검토가 이루어졌다. 전문가나 구난 업계 관계자는 대부분 세월호 인양이 기술적으로 가능하다는 것을 알고 있었다. 다만 어떤 방식으로 인양하느냐가 문제였지, 기술적 가능성 자체를 의심하는 사람은 없었다.

세월호 사고 1주기 무렵인 2015년 4월. 박근혜 전 대통령은 청와대 수석비서관 회의에서 세월호 인양을 적극적으로 검토하겠다고 밝혔다. 곧이어 해양수산부도 인양이 기술적으로 가능하다고 공식적으로 발표했다. 해양수산부는 곧바로 인양 작업에 착수했다. 5월 22일 인양 사업 입찰 공고가 났고, 8월 중국 상하이 샐비지와 한국오션C&I 컨소시엄이 인양 업체로 선정되었다. 해양수산부는 일 년 후인 2016년 7월까지 인양을 완료하겠다는 입장을 공개적으로 밝혔다.

2015년 나는 국민안전처 대변인 직책에 있었다. 해양수산부가 인양 작업을 주도했지만, 나는 국민안전처 대변인으로서 세월호 인양 문제와 떨어져 있을 입장이 못 됐다. 재난과 관련된 이슈는 육상과 해상을 가리지 않고 국민안전처 업무와 밀접했다. 세월호 인양도 마찬가지였다. 국민안전처 업무 특성도 그렇지만 세월호 대변인이라는 라벨이 항상 붙어 다녔다. 인양 일정을 주시하며 내 업무에 충실했다.

하지만 선체 인양은 계획된 일정대로 진행되지 않았다. 해양수산부는 약속했던 2016년 7월이 되자, 인양 일정을 연기했다. 반복된 기상 악화와 맹골수도의 험한 조류 때문에 불가피하다는 이유였다. 인양 시점이 차일피일 미뤄지자 미수습자 가족은 크게 실망했다. 인양이 반복적으로 연기되는 것은 부실한 사전 조사와 그에 따른 작업 방식 변경 때문이었다는 지적이 나왔다.

국민안전처의 시간은 빠르게 흘러갔다. 수시로 발생하는 전국의 사건·사고에 숨 돌릴 여유가 없었다. 그렇게 2015년은 한 달처럼 흘러갔다.

▲ 해경 해체와 국민안전처 신설

다시 팽목항으로

2015년 12월.

차가운 겨울바람이 도심을 쓸고 지나갔다. 나는 광화문 정부서울청사 옥상에 서 있었다. 오랫동안 피워 왔던 담배를 끊기로 했다. 마지막이 될 담배를 피워 물었다. 푸른 담배 연기가 눈앞의 고층 빌딩 사이로 퍼져 갔다. 멀리 북악산과 청와대가 액자 속의 그림처럼 선명하게 들어왔다.

세월호 대변인을 마치고 올라온 지 몇 개월 만에 국민안전처 대변인을 맡았었다. 그때가 2014년 11월이었다. 2년에 걸쳐 재난 안전과 관련된 입 역할을 했다. 그곳에서 근무한 지도 1년이 지나가고 있었다.

한 지붕에 세 가족이 지내는 국민안전처 생활이 쉽지만은 않았다. 조직 이름도 바뀌어 '경찰'이라는 단어가 빠졌다. '해양경비안전본부, 해양경비안전서'로 변경되었다. 국민안전처 서해해경본부는 관할 해역이 전라남도에 걸쳐 있었다. 군산, 부안, 목포, 완도, 여수까지 관할했다. 세월호가 침몰되어 있던 맹골수도는 목포해양경비안전서 관할에 속해 있었다.

2015년 4월부터 인양 논의가 본격적으로 시작되었기 때문에 세월호 인양은 기정사실화된 상태였다. 2015년 말 승진과 함께 서해해경본부장으로 발령되었다.

이주영 전 해양수산부장관에게 전화를 드렸다. 발령 소식과 함께 팽목항에 들를 계획이라고 소식을 전했다. 장관은 축하를 해 주며, 팽목항에 함께 가면 좋겠다고 했다. 이주영 장관은 세월호 현장을 떠날 때 반드시 다시 돌아와 가족들을 재회하겠다고 약속한 적이 있었다. 장관은 그 약속을 지키러 연말에 팽목항을 찾는다는 것이었다.

이주영 장관과 팽목항에 함께 들렀다. 미수습 가족 몇 분이 소식을 듣고 안산에서 내려와 함께했다. 분향소에 들러 참배한 후 그동안의 이야기를 나누었다. 시간이 지났어도 미수습 가족의 아픔은 그대로였다. 하루빨리 희생자를 수습하는 것만이 답이라는 생각이 들었다. 그날로 전남 무안군에 위치한 서해해경본부로 출근했다.

며칠 지나지 않은 어느 날 미수습자 가족 부부가 사무실로 찾아왔다. 3년이 지나 다시 만나는 얼굴이었다. 사고 당시보다는 다소 평온해진 얼굴이었다. 자리에 앉은 부부는 시선을 나에게 고정하고 조용히 말을 꺼냈다.

"고 국장님, 잘 오셨습니다. 저희는 고 국장님이 오시니 든든합니다."
"그동안 해수부나 해경 담당자가 많이 바뀌었고, 세월호 사고에 대해 잘 아는 사람이 많지 않아요."
"고 국장님이 그때 사정을 잘 아니 아이들을 꼭 찾아 주세요."

미수습자 가족은 오히려 나에게 부탁했다. 나는 차분하게 대답했다.

"그건 저희가 당연히 해야 할 일입니다. 성심을 다하겠습니다. 너무 걱정 마세요."

미안하고 안타까운 마음이 가슴에 차올랐다. 아직도 차가운 바다에서 돌아오지 못한 아이들을 꼭 찾으리라 마음먹었다. 이제부터 해결되지 않은 문제에 맞닥뜨려야 했다. 새로운 도전이었다.

세월호와 두 번째 인연이 시작되다

목포에서 생활도 1년이 지났다. 2016년 말 정기 발령이 있었다. 연말에 이루어지는 정기적인 인사였다. 인사 발령 명단에 나는 없었다. 나는 서해해경본부장 직책에 그대로 유임된 것이었다. 이례적인 일이었다. 지방청장 보직은 1년 만에 바뀌는 것이 관행이었고, 더구나 서해해경본부장 보직은 이전에 유임된 관례가 없는 자리였다.

나는 별다른 생각 없이 고개를 갸웃하고 지나갔다. 평소대로 바다 현장을 다니고 일상 업무를 하느라 바쁘게 지냈다. 세월호 인양 이야기가 종종 언론에 보도되었으나 실감이 되지 않았다. 그러다가 내가 정기 발령에서 유임된 이유를 나중에야 알았다.

2017년에 접어들자 세월호 인양이 본격적으로 논의되었다. 그제야 나는 서해해경본부장 유임 발령이 세월호 인양을 염두에 둔 것이었다는 사실을 알게 되었다. 내가 세월호 대변인을 했으며, 현장에서 일어났던 일들은 잘 알고 있고, 미수습자 가족과도 친분이 있으니 인양에 따른 제반 업무를 맡기기는 제격이었을 것이다.

육상으로 인양 후 선체 수색과 시신 수습은 해경의 일이었다. 세월호와 두 번째 인연이 시작되고 있었다. 내 의지와는 무관했지만, 그저 숙명 같은 것으로 받아들였다. 팽목에 다시 봄이 시작되고 있었다.

27.
또 다른 시작, 세월호 인양

인양 방식 논란

2015년부터 세월호 선체 인양에 관한 논의가 있었다.

선체를 인양하는 것은 미수습자를 온전하게 수습하는 데 가장 큰 목적이 있었다. 나아가 희생자 유품을 수습하고, 선체를 정밀하게 조사하여, 침몰 원인을 명확히 밝히기 위한 것도 있었다. 또한 가능한 한 선체를 그대로 보존하여 역사의 교훈으로 삼기 위한 것도 있었다.

선체가 손상되지 않은 상태로 신속히 인양하는 것이 최선이었다. 하지만, 신속하면서도 선체를 온전하게 보존하는 두 마리 토끼를 잡기는 쉽지 않았다. 몇 년간 물속에 잠겨 있던 선체를 깊은 수심에서 인양하는 데 따른 현실적인 어려움이 있었다.

인양 방식을 둘러싸고 여러 의견이 제시되었다. 수색 효율성을 위해 객실을 절단해 바로 세우자는 의견도 있었다. 이 방법이 기술적으로 효율성이 있지만, 미수습자 시신이나 선체 훼손이 우려되었다. 인양 과정에서 선체가 움직임으로써 시신이 유실될 우려도 있었다. 결국, 선체를 보존한 상태에서 인양하는 쪽으로 결론이 났다.

2015년 8월 인양 업체로 상하이 샐비지가 선정되었다. 이 회사가 처음 검토했던 방식은 해상 크레인 방식과 부력재를 사용하는 방식이었다. 하지만 이 방식으로 인양을 진행하다가, 2016년 11월 인양 공법을 변경했다.

2017년 들어 최종 단계에서 검토된 세월호 인양 방식은 두 가지였다. 크레인 방식(Crane)과 잭업 방식(Jack-up)이었다. 크레인 방식은 물속에서 선박을 단단히 묶어 고리에 걸고, 대형 크레인을 이용해 수면 위로 끌어 올리는 공법이다. 인양 중에 선체 균형을 유지할 수만 있다면, 크레인 방식이 가장 쉽고 비용이 저렴했다.

하지만 끌어 올리는 과정에서 균형이 유지되지 못하면, 선체가 흔들리고 선박이 한쪽으로 쏠리면서 낙하 사고가 일어날 수 있었다. 이 경우 미수습자 시신 유지를 보장하지 못하고, 선체 내부는 돌이킬 수 없을 정도로 손상을 입을 수도 있었다.

잭업 방식은 세월호 위에 바지선 두 척을 고정시키고, 선체에 수많은 구멍을 뚫어 와이어로 바지선과 연결한 다음, 유압 방식으로 선체를 천천히 들어 올리는 방식이었다. 잭업 방식의 장점은 선체 손상 없이 안정적으로 들어 올릴 수 있다는 것인데, 단점은 잭업 장치를 갖춘 바지선을 조달하기가 쉽지 않아 공기가 지연될 수 있다는 점이었다.

인양이 시작되다

2017년 봄이 되자, 2년 넘게 논의만 해 오던 인양 작업이 본격화되었다. 정부는 해양수산부를 중심으로 인양을 위한 조직을 만들었다. 언론은 연일 인양 상황을 보도했다. 미수습자 가족은 긴 기다림을 끝내길 간절히 희망했다. 국민적인 관심도 집중되었다. 이제 인양이 현실화되었다.

인양 작업이 시작되면 해경이 해야 할 일이 많았다. 당시 나는 현장 해역의 해양 안전을 책임지고 있는 서해해양경비안전본부장으로 근무하고 있었다. 인양 현장에서 안전사고 대비는 물론, 선체로부터 기름 유출에 대비해야 했다. 목포신항까지 선체를 호송할 때 안내와 호송 안전 문제도 있었다. 이후에는 육상에서 선체 수색과 미수습자 수색도 책임져야 했다. 어떤 일이든 민감하고 중요한 일이었다.

나는 며칠 전부터 긴장감으로 자리에 앉아 있을 수가 없었다. 목포에서 현장까지는 뱃길로 먼 거리였다. 목포항에서 해남 화원반도를 따라가면 진도가 나오는데, 진도를 지나서도 뱃길로 한참을 가야 했다. 인양 날짜가 다가오자 미리 수사 요원과 방제정을 보내 만약의 사태에 철저히 대비했다. 현장 안전을 위해 상주할 전담 경비함정도 배치했다.

인양하기 전날이 되었다. 나는 헬기를 타고 현장으로 달려갔다. 인양 작업에 지장을 주지 않기 위해 설정한 한계선인 1.8킬로미터 바깥 해역에 머물렀다. 인양 현장의 재킹바지가 아른아른 보이는 해양 경찰 함정에서 초조하게 지켜보았다. 만약에 있을 수 있는 안전사고나 기름 유출, 특히 희생자 시신 유출에 대비했다. 경비함정, 헬기, 방제정에 임무를 부여한 상태였다.

▲ 수면 위로 모습을 드러낸 세월호

2017년 3월 22일 오후 8시 50분, 인양 작업이 시작됐다. 인양 작업 현장은 환한 조명이 켜져 있었다. 그 주위로 해경·해군 함정 불빛이 보였다. 세월호 선체와 바지선을 연결한 66개 쇠줄을 천천히 당겼다. 밤바다는 고요했다. 검은 물결만이 불빛에 흔들렸다. 육안으로는 어떤 작업을 하는지 알 수 없었다. 검은 수면을 바라보며 무사히 올라오기만 기다렸다.

작업은 천천히 진행됐다. 어느덧 자정이 지났다. 3월 23일 오전 3

시 45분경 세월호 선체가 처음으로 수면 위로 떠올랐다. 오전 4시 47분경 해저면으로부터 22미터까지 도달하면서 세월호의 녹슨 선체가 육안으로 확인되었다. 침몰 1,073일 만에 세월호 선체가 검은 수면 위로 모습을 드러냈다. 긴 기다림의 끝이었다.

 물 위로 올라온 선체는 바지선과 고정하는 작업을 했다. 선체에 여러 개의 작은 구멍을 뚫어 물과 기름을 빼는 작업을 했다. 내부에 들어 있는 바닷물은 약 2천여 톤으로 배수에만 수십 시간이 걸렸다. 3월 24일 오전 11시 10분 세월호는 목표 높이인 수면 위 13미터까지 올라왔다.
 이후 바지선 2척과 세월호 선체를 한데 묶은 뒤 약 1킬로미터 정도 떨어진 반잠수식 선박으로 옮겨졌다. 3월 25일 오전 4시 10분경 세월호는 거치대에 무사히 안착했다. 그날 밤 반잠수식 선박이 부양하면서 세월호 전체가 해수면 위로 떠올랐다.

마침내 육지로 올라온 세월호

 반잠수식 선박에 실린 세월호는 목포신항으로 향했다. 맨 앞으로 선단을 호송하는 해경 함정이 길을 안내했다. 그 뒤로 바지선을 당기는 예인선이 있었다. 그 배에 끌려 세월호 선체를 실은 반잠수식 선박이 뒤따랐다. 선단 위 하늘에 호송 헬기가 날고 있었다. 선단은 천천히 맹골 해역을 벗어나 섬 사이로 항해했다. 진도군 조도면 다도해를 지나 진도를 동쪽으로 끼고 나아갔다. 해남 화원반도가 끝나는 해역에서 우현으로 꺾어 목포구로 들어섰다. 목포구에 들어서자마자 목포신항 부두가 보였다.

▲ 세월호 이동 경로

   선단은 무사히 목포신항에 도착했다. 하지만 세월호 선체를 육상으로 옮겨 거치하는 데 시간이 더 필요했다. 거대한 선체를 육상으로 거치하는 작업이 남아 있었다. 선체 무게 때문에 정교한 기술과 경험이 요구되었다.

   세월호 선체를 실은 선박은 신항 부두에 보름 정도 대기했다. 거기는 여객선이 지나다니고 항로로 인접해 있었다. 그래서 바다로부터 선박이 접근할 수 있는 장소였다. 안전을 위해 주위에 전담 경비정을 배치해 24시간 감시하게 했다. 또 인근 파출소에서 운영하는 연안구조정으로 수시로 순찰하도록 했다.

2017년은 정치적으로도 격동의 시간이었다. 그해 3월 10일 박근혜 전 대통령 탄핵 인용이 선고되고 3월 27일에 박 대통령 구속 영장이 청구되었다. 세월호와 관련된 부분도 많았다. 3월 29일에 '세월호 선체조사위원회'가 공식적으로 활동을 시작했다.

부두에 있는 거대한 선체를 철재 부두 거치 장소까지 옮기는 장비는 모듈 트랜스포터라는 특수 운송 장치였다. 튼튼한 바퀴가 연결된 장치 위에 무거운 것을 싣고 운반하게 되어 있었다. 늘어난 세월호 무게로 인해 계획했던 모듈 트랜스포터보다 추가로 투입했다.

이후 세월호 선체를 고정된 받침대 위에 내려놓고 모듈 트랜스포터 600축을 모두 빼내면서 작업이 완료되었다. 사고 발생 1,091일 만인 2017년 4월 11일이었다.

▲ 목포신항에 거치된 세월호 모습

세월호는 목포신항 철재 부두 위에 부두와 수직 방향으로 누웠다. 침몰 당시와 마찬가지로 우현이 하늘 쪽으로, 좌현이 바닥 쪽으로 향한 채였다. 본래 세월호를 부두 끝에 부두와 평행하게 거치하려 했다. 하지만, 더 움직이는 것은 선체 변형 위험성이 있다고 보아 그대로 거치했다.

세월호 선체 정리를 위한 민간 업체도 선정되었다. 구난 업체인 코리아쌀베지였다. 이 업체를 통해 선체 외부 세척과 방역, 유해 가스 측정, 안전도 검사를 거쳤다. 이후 미수습자를 찾기 위한 수색을 시작할 것이었다.

나는 육상에 거치된 세월호를 보러 부두로 갔다. 무너지고 녹슨 선체를 마주했다. 그리고 거대한 그 선체를 올려다보았다. 수많은 희생자를 안고 바다 밑으로 가라앉았던 괴물 같은 세월호를….

이제 미수습자 9명을 찾기 위한 수색의 시간이 다가오고 있었다.

28.
뭍에서 세월호를 수색하다

모두가 꺼려하는 일

세월호가 육상에 거치되자 언론과 국민의 시선이 집중되었다.

"9명의 미수습자 시신은 수습될 수 있을까?"
"세월호 침몰 원인은 정말 밝혀질 수 있을까?"
"선체 수색은 어떤 방법으로 진행될까?"

언론에는 매일 세월호 수색과 미수습자 수습에 관한 보도가 이어졌다. 이와 함께 세월호 침몰 원인이 규명될지에 대해서도 관심이 집중되었다. '세월호 선체조사위원회의 설치 및 운영에 관한 특별법'이 2017년 3월 2일 국회 본회의를 통과했다. 이를 근거로 인양된 세월호 선체를 조사하기 위해 선체조사위원회도 구성되었다. 선체조사위원회가 목포신항에 거점을 마련하고 수습과 수색에 힘을 집중하기 시작했다. 해양수산부를 중심으로 수습 본부도 설치되었다. 장관을 비롯하여 실무진도 목포로 내려왔다.

그럼에도 해경은 이상할 정도로 조용했다. 온 나라가 인양 문제로 시끄러운데 막상 수색 당국인 해양경찰 본청은 움직임이 없었다. 분명 뒷수습을 위한 일이 많았지만, 대책이나 임시 조직에 관해 한마디도 없었다. 해경에게는 상처가 있었고, 꺼려지는 일이었다. 모두 피하고 싶어 하는 일이었다. 하지만, 해경이 해야 할 일이기도 했다. 세월호라는 현실 앞에 조용히 눈길을 돌려 버렸다.

그렇다고 해경청 본청에서 나서지 않는 현실을 그대로 보고 있을 수만은 없었다. 나는 하는 수 없이 서해지방해경본부를 중심으로 대책반을 만들었다. 서해지방해경본부 직원들에게는 미안했지만, 어쩔 수 없었다. 사고 당시 트라우마로 참여하기를 꺼려 하는 직원들을 간신히 설득시켜 T/F를 만들었다. 육상 거치된 선체 수색을 위한 수색팀을 먼저 구성했다. 선체 내부에 진입하는 수색조는 수색과 수습에 투입할 수 있는 해경과 소방의 특수 대원 위주로 구성하였다.

▲ 좌현으로 누운 채 뭍에 거치된 세월호

다음으로 수색 중에 발견될 수 있는 미수습자 신원확인팀도 구성하였다. 해경, 검찰 및 국립과학수사연구원 직원이 포함되는 합동 팀이었다. 이를 위해 목포해양경비안전서 수사 인원만으로는 부족하여 군산서, 여수서 등 서해지방해경본부 소속 관서에서 경험 많은 형사를 참여시켰다.

목포신항에서 생활해야 하는 미수습 가족을 지원하는 지원팀도 꾸렸다. 세월호 사고 당시 현장에서 고생했던 목포 해양경비안전서 정보과 직원 위주로 구성하였다. 그중에서도 김○ 과장은 세월호 사고 당시에도 가족 지원에 열성을 다했었고, 가족과 인연을 이어 오고 있어 든든한 힘이 되었다.

하드웨어는 어느 정도 만들어졌지만, 소프트웨어가 문제였다. 영산강 하구언이 내려다보이는 사무실에서 며칠을 혼자 서성였다. 나는 고민에 빠져들었다. 미수습자 뼈가 발견될 경우 이를 분류하고 처리하는 것이 쉽지 않았기 때문이었다. 일반적인 변사 처리 규정만으로 처리할 수 없는 특수한 상황이 많았다. 더구나 선체 수색과 신원 확인 과정은 국민적인 관심이 집중된 민감한 사항이었다.

"한 장소에서 두 개 이상의 뼈가 발견된다면 어떻게 처리할 것인가?"
"하루에 여러 개 뼈가 발견된다면 한 번에 신원 확인을 해야 할까?"
"하루에 발견된 뼈는 모두 한 사람으로 볼 것인가?"
"계속해서 뼈가 발견되면 전부를 보관했다가 신원 확인을 해야 할까?"

고민이 깊어질수록 머릿속은 점점 혼란스러워져 갔다. 검찰과도 사전 협의를 하였으나 처음 접하는 상황에서 검찰이라고 뾰족한 수가 없었다. 고민 끝에 세월호 사고라는 특수한 상황에 맞추어 미수습자 처리에 관한 매뉴얼을 만들었다. 앞서 고민들을 담아서 희생자 수습에 필요한 '세월호 희생자 수습 매뉴얼'을 직접 만들어 검찰에 통보하였다. 검찰에서도 이를 토대로 수사 지휘를 하였다.

목포신항의 미수습자 가족 지원에도 철저히 준비했다. 애끓는 심정으로 매일 세월호를 바라보고 있던 미수습자 가족이 불편하지 않도록 세밀하게 준비했다. 2014년 사고 당시 친분이 있었던 직원별로 미수습자 가족을 담당하게 하였다. 담당 직원은 컨테이너 숙소에서 숙식했다. 서로 구면이어서 그런지 미수습자 가족도 마음을 편해했다. 먹는 음식과 일상생활에 불편이 있는지도 살폈다.

세월호 선체 수색

선체가 육상에 거치되면서 목포신항은 긴장감이 돌기 시작하였다. 목포신항에는 이미 안치실을 비롯해 검안실, 추모실, 신원확인팀 사무동, 미수습자 가족 숙소 등도 마련되었다. 넓은 부두 위에는 바다 쪽으로 세월호가 누워 있고, 육지 쪽으로 컨테이너로 만든 가건물이 줄지어 있었다.

선체조사위원회가 업무를 시작했다. 선체 수색은 위원회 결정에 따라 진행되기 때문에 그동안 선내 수색을 준비해 왔다. 선조위는 해양수산부, 미수습자 가족 등과 협의해 미수습자들이 있을 곳으로 추정되는 곳을 우선적으로 수색하는 계획을 마련했다.

　선체 내부에 실제 진입하는 수색팀도 가동했다. 수습팀은 수색과 수습에 투입할 수 있는 해경, 소방 119 직원이 포함되었다. 수색 중에 발견되는 뼈를 감식할 신원확인팀에 검찰, 해경, 국립과학수사연구원 직원도 포함되었다. 그 외에도 미수습자 가족을 지원하는 해경 직원들도 현장에 상주했다.

　세월호 선체 내부는 일부 철재 벽을 제외하고는 간이 벽체 등 대부분이 붕괴된 상태였다. 선체 안은 펄과 구조물, 물건이 죽처럼 뭉쳐 있는 상태였다. 그 장애물이 상당한 높이로 쌓여 있는 것으로 확인됐다. 눕혀진 세월호의 높이의 3분의 1에 달했다.

▲ 세월호 선체 수색 작업

　옆으로 누워 있는 세월호의 수직 높이가 아파트 9층에 이르렀다. 높은 쪽 작업을 위해서 철제 구조물인 워킹 타워가 설치되었다. 수색

팀은 이 구조물에 올라가 도르래를 타고 뚫어진 구멍으로 선체에 진입했다. 배 안에서 물건을 들어내려면 배 안에서 물건을 묶은 후 다시 도르래를 이용해 올려야 했다. 그 안에는 사람이 피할 만한 공간이 없었다. 물건이 떨어지면 피할 공간이 없었다.

우선 선체 정리 계약을 맺은 코리아쌀베지에서 외벽 청소와 방역 등 사전 작업을 실시한 후 선체 수색을 시작했다. 선체 수색은 미수습자가 있을 가능성이 큰 선체 3층과 4층을 중심으로 시작했다. 선체 내부 진입은 객실, 중앙 로비 등 출입구를 통해 이뤄졌다.

수색 중 뼛조각 등이 발견되면 작업을 중단하고 신원확인팀에서 유해 발굴 전문가 등을 투입해 신원을 확인했다. 미수습자 유해로 확인되면, 안치실로 옮겨 DNA 대조 작업을 한 후 가족에게 인도하는 절차로 진행했다. 또 수색 작업 도중 유류품이 발견될 경우, 발견 장소와 시간, 발견자 등이 적힌 태그를 부착하고 분류장으로 옮겼다.

험난한 수색과 수습 작업

세월호 선체에 있던 장애물은 상당했다. 펄과 물건 등이 뒤섞인 상태이므로 그 속에 미수습자 유해가 있을 수도 있었다. 그래서 펄 제거 작업은 선체조사위원회, 미수습자 가족, 해수부 감독관, 신원확인팀 등의 입회하에 이루어졌다.

걷어 낸 펄은 자루에 일일이 담아 선체 외부로 꺼냈다. 하루에도 수백 개 나오는 자루는 부두 중간에 설치된 컨베이어 벨트로 옮겼다.

이어 자루 내용물을 컨베이어 벨트 위로 쏟은 후 선별했다. 그러고 나서 미세한 내용물은 특수 제작된 체 위에 부어 물로 세척하였다. 미수습자의 유해와 유류품 수색을 찾기 위한 과정이었다. 시간과 인력이 필요하고 인내심이 요구되는 작업이었다.

▲ 세월호 내부 펄 제거 작업

세월호 선체에서 뼛조각이 발견될 때마다 관심이 집중되었다. 언론에 대대적으로 보도되었다. 소식을 들은 미수습자 가족은 긴장과 기다림으로 애가 닳았다. 수색 과정에서 동물 뼛조각을 사람의 뼈로 오인하여 소동이 벌어진 적도 있었다. 2017년 3월 세월호 인양 중 현장에서 유골이 발견되었다. 하지만, 이 유골은 동물 뼈로 감식됐으며, 작업 인부 식재료로 보관했던 돼지 뼈로 추정됐다. 세월호 육상 수색이 시작된 후에도 동물 뼈가 발견되었다. 4월 2일 펄 제거 작업 중 동물 뼈 9점과 여권 및 신용 카드, 볼펜과 손가방 등 유류품이 발견됐다.

유골을 수습하고도 은폐했다는 의혹으로 큰 파장이 발생하기도 했다. 현장수습본부는 10월 17일 사람 뼈로 추정되는 손목뼈 1점을 발견했다. 그런데 뼛조각 수습 소식을 가족에게 즉각 알리지 않았다. 이때는 미수습자 가족이 목포신항을 떠나기 위해 18일 장례식, 20일 발인을 준비하고 있던 때였다. 어떻든 현장수습본부는 닷새간 은폐했다는 비난을 면치 못했다.

결국, 수색 기간 동안 미수습자로 남았던 아홉 명 가운데 네 명의 유해를 수습했다. 단원고 고창석 교사 유해는 2017년 5월 5일에 발견되었다. 세월호 침몰 현장 수색 중에 선체와 닿았던 해저면에서 잠수사가 발견했다.

단원고 학생 조은화 양 유골은 5월 13일 세월호 선체 수색 중에 4층 선미에서 발견되었다. 단원고 학생 허다윤 양은 5월 16일 세월호 3층과 4층에서 치아 및 뼈 49점이 발견되어 수습됐다. 일반인 이영

숙 씨 유골은 9월 22일 3층 선미 좌현 객실에서 머리부터 발까지 거의 온전한 상태로 수습됐다.

  하지만, 7개월간 노력에도 다섯 명의 미수습자는 끝내 가족 품으로 돌아오지 못했다.

29.
목포신항의 달빛

계속되는 육상 수색

목포신항 넓은 부두에 컨테이너 50여 개 동이 마련되었다. 컨테이너는 미수습 가족 숙소, 행정지원실, 신원확인실, 인양추진단 회의실, 수색 업체 숙소, 자원봉사자 부스, 기자재 창고 등으로 사용되었다.

세월호 인양이 완료되면서 아홉 명의 미수습자 가족은 팽목항 생활을 정리하고 목포신항으로 거처를 옮겼다. 미수습자 가족은 세월호가 거치된 철재 부두 컨테이너 숙소에서 숙식했다. 부두 울타리 안쪽은 일반인 출입이 금지되었다. 일반인은 입구 바깥 울타리까지만 와서 상당한 거리에서 선체를 볼 수는 있었다. 출입문을 통해서 관계자만 출입을 허용했다. 많은 국민이 그곳을 방문해 울타리에 노란 리본을 달고, 미수습자가 가족 품으로 돌아오길 기원했다.

뭍으로 올라온 세월호 선체 수색이 계속되었다. 전반적인 수색계획은 선체조사위원회에서 결정했고, 세월호 후속대책추진단 현장수습본부에서 실행했다. 실제 선체 안에 들어가 수색하고 내용물을 정리하는 작업은 수습팀과 정리 업체인 코리아쌀베지가 담당했다.

▲ 목포신항 울타리 바깥에서 본 세월호

기다림도 계속되었다. 선체 수색을 하루 내내 지켜보는 것이 미수습자 가족의 일과였다. 눈을 뜨면 녹슨 세월호 선체를 올려다보고, 수색 작업을 지켜보았다. 혹시라도 빠뜨리는 부분이 있는지 살피고 살폈다. 이번에는 눈앞에 있는 세월호 선체로부터 기다림이 끝나길 바랐다.

뼈가 발견되면 철저한 신원 확인 절차를 거쳤다. 현장에서도 육안으로 확인했지만, DNA 검사 절차를 거쳤다. 검사 결과가 나오는 며칠간은 가족들에게 애타는 시간이었다. 그 며칠간은 희망과 절망 사이를 오가는 시간이었다. 검사 결과가 나오는 날이면 희비가 엇갈렸다. 기다리던 희생자를 찾은 가족은 안도의 숨을 쉬었지만, 나머지 가족은 절망의 한숨을 쉬었다.

목포신항의 달빛

수색이 계속되는 동안 정치인과 관계 장관 등 유명 인사가 수시로 다녀갔다. 혼자 조용히 왔다 가는 경우도 있었다. 대부분은 그곳을 방문한 흔적을 남겨야 했으므로 세월호 선체 앞에서 사진을 찍었다. 미수습자 가족을 만날 때면 엄중한 분위기로 가족들 이야기도 들었다.

목포신항은 여객선이나 어선이 정박하는 곳이 아니었다. 자동차나 철강 등을 수출하는 전용 부두로 본래부터 일반인 출입이 없었다. 위치도 목포 시내에서 상당히 떨어져서 외진 곳이었다. 주위에 주택이나 상가는 없었다. 더구나 부두는 보안상 울타리로 격리된 까닭에 밤에는 밖에 나갈 일이 없었다. 그러다 보니 일반인이 많던 팽목항과는 사뭇 분위기가 달랐다.

낮에는 그곳을 방문하는 사람들로 북적거렸다. 하지만 밤이 되면 목포신항은 적막함으로 가득 찼다. 가족 지원이나 자원봉사를 하는 몇몇 외에 밤에 부두 안에 남아 있는 사람도 별로 없었다. 훤하게 트인 부두 위로 달이 비추는 밤이면 쓸쓸하기까지 했다.

▲ 목포신항에 컨테이너 동이 설치된 모습

　미수습자 가족을 지원하는 정보관으로부터 분위기를 수시로 보고 받았다. 담당 정보관은 별도의 컨테이너 숙소에서 가족과 함께 숙식하며 지냈다. 불편한 점이 있으면 24시간 언제라도 해결하도록 했다. 정보관은 가족들과 형이나 동생, 삼촌처럼 일상적이고 소소한 대화를 나누었다. 담배를 나누어 피우고, 커피를 타서 같이 마시며 일상을 공유했다. 집안 이야기며, 자식 이야기며, 세상 돌아가는 잡다한 이야기까지 스스럼없이 했다.

　나는 목포신항을 자주 방문했다. 컨테이너 숙소에서 미수습 가족들을 만나 이런저런 이야기를 나누었다. 또 지내기에 불편한 점이 없는지 살폈다. 현장에서 고생하는 해경 및 타 부처 공무원, 코리아쌀베지 직원을 격려하기도 했다. 때로는 힘들고 허기진 마음을 달래 주려 미수습자 가족과 목포 시내에서 식사도 했다. 그리고 같은 부모의 마음으로 어서 아이들이 돌아오길 염원했다.

애타는 염원에도 불구하고, 다섯 명의 미수습자는 끝내 가족 품으로 돌아오지 못했다. 다섯 가족은 수색이 끝나 갈수록 초조함도 깊어졌다. 자주 멍하니 바다 쪽을 바라보거나 무표정하게 눈물을 흘리는 일이 많아졌다. 말이 없어지고 눈동자에 초점이 없어져 갔다. 옆에 있어도 뭐라 위로할 수 없었다.

다섯 미수습자의 가족들은 결국 목포신항을 떠나겠다고 밝혔다. 2017년 11월 18일 목포신항에서 미수습자 영결식이 열렸다. 사고가 발생한 지 3년 7개월, 세월호가 육상에 올라온 지 7개월 만이었다. 이들 미수습자는 단원고 학생 남현철·박영인 군, 교사 양승진 씨, 일반인 권혁규·권재근 부자였다.
영결식에서 미수습자 가족 현철 아빠는 끝내 울음을 터뜨렸다.

"남현철 학생, 박영인 학생, 양승진 선생님, 권재근 님, 권혁규 님. 이 다섯 사람을 영원히 잊지 말아 주십시오. 기억해 주십시오."

- 현철 아빠 인터뷰 중에서 -

현장을 다시 떠나다

나는 세월호 육상 수색을 끝까지 지켜보지 못했다. 세월호 사고 당시에 끝까지 현장을 지키지 못한 것처럼….
인양된 세월호 육상 수색이 한창이던 2017년 8월. 나는 복원된 해양경찰청으로 복귀 발령을 받았다. 문재인 정부가 들어서면서 국민안전처는 폐지되었고, 해양경비안전본부는 해양경찰청으로 복원되었다. 해양경비안전본부는 해양경찰청으로 명칭이 다시 바뀌었고, 청사는 인천에서 세종으로 옮겨진 상태였다.

서해지방해양경찰청장 임무를 마치고 목포를 떠나던 날이었다. 나는 해경 정복을 갖춰 입고 목포신항으로 갔다. 미수습자 가족에게 이임 인사를 하기 위해서였다. 그동안 동고동락했던 고마움을 표시하고 먼저 떠나게 된 미안한 마음을 전했다. 아홉 가족과 컨테이너 숙소에서 한참 이야기를 나누었다. 그동안 미운 정 고운 정이 들었는지, 나도 가족도 서운함을 감추느라 괜히 애썼다.

컨테이너를 나와 현장 해경 직원들과 작별 인사를 나누었다. 그리고 몇십 미터 떨어져 비스듬히 누운 세월호 앞에 섰다. 벌겋게 녹슨 거대한 쇳덩이를 올려다보았다. 이제는 인연의 끈을 놓아야겠다는 생각이 들었다. 그곳을 떠나도 영원히 잊지 못하겠지만, 갈 길을 가야 할 시간이었다.

모든 일정을 마치고 부두 출구 쪽으로 발걸음을 옮겼다. 그때 미수습자 ○○ 아빠가 나를 불러 세웠다. 이내 컨테이너 모퉁이로 내 소매를 끌고 갔다. 그가 담배를 한 대 물었다. 한 모금 내뱉자 파란 담배 연기가 가늘게 피어올랐다. 꽁초가 반쯤 타들어 갈 때까지 아무 말이 없었다. 그러다가 갑자기 나를 붙잡고 울기 시작했다.
이제까지 함께했는데 이렇게 떠나니 많이 서운하다고 말했다. 가족들을 위해 최선을 다해 줘서 고맙고, 또 스스럼없이 대해 줘서 감사하다는 말도 덧붙였다. 나는 더욱 미안함과 송구함으로 고개를 숙였다. 두 손으로 그의 어깨를 꼬옥 감싸 주고 발길을 옮겼다.

부두 울타리에 촘촘히 매달려 있는 노란 리본들이 거센 바람에 나풀거리기 시작했다.

30.
그 이후

새로운 조직, 새로운 생활

2017년 5월 10일 문재인 정부 임기가 시작되었다. 문재인 정부는 국민안전처를 폐지하고 해양경찰청을 복원시켰다. 조직 명칭이나, 업무나 대부분이 이전과 동일하게 회복했다. 다만, 청사는 소방청과 함께 세종에 위치한 상태였다.

인양된 세월호 육상 수색이 한창이던 2017년 8월. 나는 복원된 해양경찰청 기획조정관으로 발령받았다. 서해지방해양경찰청이 있는 목포를 떠나 세종으로 향했다. 나의 발령에 관해 비판적인 시각이 많았다. 특히, 초기에 '잠수사 500~700여 명을 투입해 총력 수색 중'이라고 발표했던 부분에 대한 비판이 이어졌다.

"해경 해체는커녕 세월호 책임자들이 줄줄이 승진했다."
"고명석이 누구인가? 해경 장비기술국장이었던 그는 해경과 해수부의 '뻥 구조' 대표 입이었다."

하지만 나는 나의 할 일을 묵묵히 해 나갔다. 해체되었다가 복원된 해경은 할 일이 많았다. 특히, 해체를 겪고 나서 조직의 기반을 다지는 일이 필요했다. 법과 제도 기반을 튼튼히 할 필요가 있었다. 해양경찰법과 해상교통관제법, 장비관리법 등의 기초가 그때 마련되었다.

또 세월호 사고에 대한 반성과 복기를 했다. 이를 통해 미래 대형 사고를 대비하고, 필요한 인력과 장비를 갖추도록 준비했다. 세월호 사고로 바닥까지 떨어진 국민의 신뢰를 회복하는 일도 중요했다. 하지만 짧은 기간에 성과를 내기는 쉽지 않았다.

세월호 유가족과의 관계도 미래지향적으로 나아가야 했다. 안산에 있는 단원고 4·16 기억교실을 방문하기도 하고, 유가족과 상의해 세종 청사에서 북 콘서트 행사를 열기도 했다.

계속되는 시련

해양경찰이 복원되고 안정을 찾아 갔지만, 시련이 끝난 것은 아니었다. 세월호 대변인이라는 딱지는 좀처럼 떼어지지 않았다. 세월호 대변인을 맡아 얼굴이 알려진 것이 오히려 나를 힘들게 했다. 이후 승진이나 보직에서 불이익은 계속되었다. 세월호 관련자라는 것 때문에 승진에서 누락되었다. 사고 당시 내 임무가 구조와 직접 관련된 직책이 아니었지만, 아무 소용없었다. 나는 점차 승진에 대한 마음을 접었다.

보직 이동에서 좌천성 결과가 나왔다. 2018년 8월 정기 인사가 있었다. 그 발령에 여수 해양경찰교육원장으로 보임되었다. 일반적으로 기획조정관을 마친 국장이 이동하는 직책은 아니었다. 처음엔 실망했지만, 이내 마음의 평정을 찾았다. 이제 퇴직 후 미래를 설계해야 하는 시간이었다. 오히려 감사하는 마음이 들었다.

해양경찰교육원은 일과 휴식을 조화할 수 있는 장소였다. 새벽에 교육원 뒷산을 넘어 출근했고, 밤에는 구조수영장에서 수영도 했다. 휴일에 인근 산을 찾거나 교육생과 마라톤 대회에 참가하기도 했다. 자주 바다 DNA를 심어 주는 특강도 했다. 강의와 함께 바다와 관련 책도 집필했다.

세월호 참사 이후 5년 7개월 만인 2019년 11월, 세월호 사고 관련된 아홉 번째 조사가 시작되었다. 특별수사단은 정치적인 고려 없이 수사하겠다며, 의지를 드러냈다. 해양경찰교육원에 근무하고 있던 내게도 세월호 참사 특별수사단에서 출석요구서가 왔다.

서초동 특별수사단 사무실 입구는 드나드는 사람 한 명 없이 조용했다. 검사실에서 조사가 시작되었다. 조사관은 2014년 사고 발생 당시 해양경찰청 상황실 정황을 자세하게 질문했다. 구조와 관련된 여러 정황을 묻고 또 물었다. 조사는 밤늦게 끝났다. 도시의 불빛을 뒤로하고 여수행 기차에 몸을 실었다.

공직에서 퇴직하다

2020년 12월이 되었다. 그달에 치안감 계급 정년이 만료되었고, 나는 해양경찰교육원장직을 끝으로 25년간의 공직 생활을 마감했다. 후학을 양성하던 2년 반의 기간은 보람 있는 시간이었다. 신임 해경들에게 바다가 무엇이고, 우리가 무엇을 해야 하는지를 알려 주는 시간이었다.

▲ 필자가 공직 퇴직 시 재직했던 해양경찰교육원 전경

비록 공직을 떠났지만, 바다를 떠나지는 않았다. 운 좋게도 대학교에 자리 잡아 바다 안전과 관련한 연구를 하며 후학을 양성하고 있다. 세월호 사고 경험이 내 가슴에 남긴 것을 또렷하게 기억하고 있다. 앞으로도 영원히 잊지 못할 것이다. 이 기억을 토대로 해양 안전을 후학에게 말해 주고 싶다.

세월호 사고는 내게 많은 것을 알려 주었다. 그 기억은 아프다고 외면하거나 기억하기 싫다고 잊어서는 안 된다. 모든 걸 포용하며 영원히 존재하는 바다처럼 이어 가야 한다. 그리고 바다의 미래를 이야기해야 한다. 그게 세월호가 우리에게 남긴 교훈이다.

에필로그:
미래의 바다 안전에 관하여

에필로그는 미래의 바다에 관한 이야기다. 세월호를 경험했던 한 명으로서 바다 안전에 관한 개인적인 견해를 담았다.

하나는 구조와 관련된 우리의 바람과 사실을 생각해 보았고, 둘은 해양 구조 시스템에 관하여 고민해 보았다.

[하나] 구조에서 사실과 바람에 관하여

우리가 바라면 이루어질 것이다

우리는 살아가면서 사실(fact)과 바람(wish)을 구별하지 않는다. 사실(事實)이란 실제로 있었던 일이나 현재에 있는 일을 말한다. 바람이란 어떤 일이 이루어지기를 기다리는 간절한 마음을 말한다.

우리는 세월호 사고를 접하며 바람, 희망, 규범이라는 단어에 매달렸다. 전원 구조가 현실이길 바랐고, 선내 방송은 반드시 했어야만 했으며, 그래서 아이들이 살아서 돌아올 것을 희망했다. 그 배는 전복되지 말았어야 했고, 전복된 후에도 그 안에 에어포켓이 있어야만 했다. 맹골 바닷속을 잠수하여 아이들을 한시라도 빨리 데려오길 원했고, 모든 희생자가 빠짐없이 인양되길 희망했다. 이 모든 것은 바람(wish)이었다. 우리 모두가 애타게 원하던 바람이었다.

하지만 이 모든 바람은 안타깝게도 현실과 거리가 있었다. 바다에는 침몰, 조류, 어둠, 혼돈, 실존이 있었다. 그 배는 비정상적으로 빠르게 전복되었으며, 맹골 바다 조류는 잠수사가 쉽게 접근하지 못할 만큼 강했고, 심해 잠수를 위한 장비가 현장에 오는 데 며칠이 걸렸다. 깊은 수심에서 생존 상태로 돌아올 확률은 희박했다. 이 모든 것은 사실(fact)이었다. 죽도록 인정하기 싫은 사실이었고 현실이었다.

우리가 무엇을 바라든 현장에서 현실은 변하지 않는다. 그것을 두고 견해, 주장, 해석이 다를 뿐이다. 어떤 주장, 견해를 가지고 있더라도, 사실 그 자체는 변하지 않는다. 우리의 감정, 기분, 분위기가 변할 뿐이다.

그러니 우리가 이제부터 인정해야 할 것은 바다의 조류, 파도, 환경, 물리적 조건, 이런 것들이다. 우리는 거기서부터 최선을 다할 뿐이다. 사실과 동떨어진 것을 사실처럼 믿게 해서는 안 된다. 재난 상황에서 그것을 토대로 의사 결정을 하거나 행동을 해서는 더욱 안 된다. 집단적 정서, 감정으로 재난을 수습할 수는 없다.

'6분 만에 탈출' 그런 게 세상에 있기나 할까? 바다의 현실은 논리 싸움이나 언쟁으로 극복할 수 있는 게 아니다. 반은 순응해야 하고, 나머지 반은 극복해야 하는 현실이다. 바다를 육지의 잣대로 재단하려는 생각을 버려야 한다. 있는 그대로의 사실을 인정해야 한다. 그래야 미래에 있을 수도 있는 희생을 줄일 수 있다.

사고가 나면 누군가 구해 줄 것이다

바다는 넓은 공간이다. 조난을 당하면 조난 사실을 누군가에게 알리는 것이 쉽지 않다. 조난 사실을 알렸다 하더라도 구조대가 현장을 찾아내기가 쉽지 않다. 현장에 도착하더라도 반드시 구조되리라는 보장도 없다.

내가 오복호 사건을 경험한 것은 2007년의 일이었다. 당시 나는 속초해양경찰서에 서장으로 근무하고 있었다. 오복호는 주문진 동방 40마일 지점에서 복어를 잡고 있었고 기관실에 화재가 발생했다.

오복호에서 구조 요청이 있었다. 새벽 4시경이었다. 함정을 급파하였으나 도착하기까지는 2시간이 걸렸다. 헬기가 현장에 먼저 도착하였다. 헬기는 환하게 불타오르는 오복호 상공을 선회하며 실종자를 수색했다. 하지만 캄캄한 바다에서 사람을 찾기란 쉬운 일이 아니었다.

그 시각, 인근 물속에서 부이를 잡고 사투를 벌이고 있던 조난자들이 해경 헬기 소리를 들었다. 그 소리는 조난자들에게 구원의 소리로 들렸다. 하지만 그것이 다였다. 한참을 맴돌던 헬기는 그대로 멀어져 갔다. 연료유가 바닥난 것이었다.

이후 추운 물속에서 구조를 기다리던 선원들은 체온이 저하되며 하나둘씩 부이에서 떨어져 나갔다. 그 순간 그대로 죽음이었다. 결국 7명의 선원 중에서 1명만 생존하였다. 이 기억은 오래도록 지워지지 않았다.

사고가 나면 우리는 누군가 구해 줄 것이라는 기대를 갖는다. 그럴 수도 있다. 하지만 구하고 싶어도 구하지 못하는 엄연한 현실이 있을 수 있음을 기억해야 한다.

사고 지점까지 잠수했으니 구해서 나올 것이다

바다에는 일반적으로 적용되는 법칙이 없다. 바다는 같은 바다가 없고 사고도 같은 사고가 없다. 특히, 수중 구조는 많은 변수가 있다.

수중으로 잠수하는 방법은 다양하다. 대표적으로 표면공급식(SSDS), 스쿠버(SCUBA) 방식이 있다. 어떤 방식을 사용하느냐 하는 것은 잠수의 목적에 따라 다르다. 장비가 발달하면서 깊은 바닷속까지 잠수할 수 있게 되었다. 포화 잠수로 들어갈 수 있는 수심은 수백 미터에 이르고 있다. 실제 1998년 대한민국 해군 해난구조대(SSU) 대원이 거제도 해역에서 침몰된 북한 반잠수정을 150미터 포화 잠수로 인양하는 데 성공한 적도 있다.

현재 기술로 깊은 바닷속까지 잠수할 수 있다. 하지만 그곳으로부터 생존 상태로 조난자를 구조해 내는 것은 다른 차원의 문제다.

설악산 꼭대기까지 혼자서 올라갔다가 내려올 수는 있다. 하지만, 설악산 꼭대기에 올라갔다 오는 것과 그곳에서 부상자를 산 밑에까지 데리고 내려오는 것은 엄연히 다른 문제다. 물속은 산 위보다 몇 배의 환경적 제약이 따른다.

　문제는 조난당한 사람을 수중에서 생존한 상태로 구해 올 수 있느냐이다. 다행히 에어포켓이 있어 생존해 있다 치자. 조난자가 기절하거나 다치지 않고 맑은 정신으로 있다고 치자. 여기까지도 기적에 가까운 일일 것이다. 그렇더라도 거기에서 생존자를 물 밖으로 구조해 나오는 것은 간단한 일이 아니다.

　구조대는 방한이 되는 슈트를 입고 공기줄로 호흡하며 감압을 하면서 심해로 내려간다. 하지만 조난자는 부상을 입거나 탈진한 상태로 밀폐된 어둠 속에 있을 것이다. 조난자는 공포 때문에 탈출을 거부할 수도 있을 것이다. 추위를 막아 줄 슈트도 입지 않았고, 공기를 공급받을 공기줄도 없다. 막막한 어둠의 공간에서 장시간 감압하며 상승할 수도 없다. 간단한 풀페이스 마스크만 쓰고 맨몸으로 표면까지 올라와야 한다. 침몰선에서 탈출한다 하더라도 수면까지 올라가는 것이 쉬운 일이 아니다.

　이처럼 현실은 시신을 찾아 인양하는 것도 어려운 일인데, 생존자를 구조하는 것은 극히 어려운 일이다. 사고 지점까지 잠수했으니 당연히 구할 것이라는 판단은 섣부르다. 그곳까지 들어갈 수 있다는 것이지, 구할 수 있다는 것이 아니다. 안타깝지만, 우리는 이런 엄연한 사실을 직시해야 한다.

[둘] 해양 구조 시스템에 관하여

예방할 것인가, 구조할 것인가

해양 사고가 발생하면 구조에 초점이 맞춰지는 것이 일반적이다. 하지만, 큰 배가 침몰하는 순간에 사람을 구조하는 것은 어렵다.

육지와 다르게 침몰 사고가 발생하면 구조를 시작하기 전에 대부분의 인명 피해가 발생한다. 침몰한 배에서 조난자를 생존 상태로 구조하는 것은 현실적으로 확률이 희박하다. 우리가 생존자 구조를 최고의 목표로 하고, 간절히 희망하고, 강력히 명령해도 현실은 변하지 않는다. 세계적으로 완전하게 침몰한 큰 배에서 사람을 구조한 사례를 찾아 보기 힘들 정도다.

그 이유는 한 가지다. 그곳이 '바다'라는 공간이기 때문이다. 숨을 쉴 수 없고, 정신을 잃으며, 수 분 내에 물속으로 가라앉기 때문이다. 물속은 사람이 정신을 차리고 탈출하고 침착하게 행동할 수 있는 공간이 아니다. 물이 빠르게 차오르는 배 안에서 탈출하고 눈을 뜨고 헤엄을 치는 것은 영화에나 나오는 장면이지, 현실에서는 거의 없다.

가끔 광산 사고가 발생하여 수십 일, 심지어 수개월을 버티다 구조되는 사례를 언론을 통해 볼 수 있다. 무너진 갱도에서 떨어지는 물방울을 마시거나 가지고 있던 약간의 식품으로 수십 일을 버티다 구조된다. 하지만 바닷속에서 그런 일은 있을 수 없다. 가끔 구명정을 타고 표류하며 버티는 일은 있어도 물속에서 그럴 일은 없다.

그래서 구조는 최후의 이야기이어야 한다. 더욱이 다중 인명과 관련된 사안은 예방이 최선이다. 예방에 집중해야 한다. 일반 대중이 승선하는 여객선이나 낚시 어선, 유람선 등은 더욱 그렇다. 그래서 다중 인명 선박에서 정책의 우선순위는 예방에 초점을 맞추어야 한다. 예방에 관한 한 치밀한 정책을 만들고 현장에서 까다롭게 시행되어야 한다.

현재의 조난 사고 구조 시스템

바다에서 조난 사고는 언제 발생할지 모른다. 그렇다면 현재 구조 시스템이 최선인가를 검토할 필요가 있다.

물 위에서 수색 구조는 해양경찰과 민간이 협력하여 수행한다. 해양경찰은 함정이나 파출소 세력으로 신속하게 대응하고 있으며, 많은 생명을 구하고 있다. 다만, 민간 구조 단체를 활성화하여 긴밀한 협조가 필요하다. 넓은 바다에서 해양경찰 단독으로 활동하는 것은 한계가 있다.

물속에서 수색 구조에 대해서 보완할 점이 많은 것이 현실이다. 수상구조법 등 제도적인 면에서 근거가 미약하고 추상적이다. 수중 임무 시 잠수사가 안전하게 활동할 수 있는 여건을 마련해야 한다. 예컨대, 잠수의 한계 수심에 관하여 현장 구조요원에게 맡겨져 있는 실정이다. 이러다 보니 현장에서 구조 요원은 자신의 안전이 담보되지 않는 환경에서 무리한 수색을 할 수 있다.

수중 구조 능력과 관련한 검토도 필요하다. 사고 발생 시 해양경찰이 수중 수색을 총괄하고 지휘하게 되어 있다. 해군에도 수중 수색 구조를 담당하는 SSU가 있다. 민간 업체나 단체도 보완적인 역할을 한다.

그동안 해양경찰의 구조 조직이 많이 강화되었다. 해양경찰 구조대, 중앙특수구조단 그리고 구조 거점 파출소 등이 역할을 하고 있다. 하지만 대형·특수 해양 사고에 대응하는 중앙해양특수구조단을 제외하면 사실상 대형 사고에 대응하기 힘들다. 오랜 역사를 가진 해군 SSU에 비해 훈련이나 장비가 열악한 것도 사실이다.

수중 수색 시스템을 바꿔야

사고 발생 시 수중 구조는 해양경찰이 주도하고, 해군이나 민간 잠수사와 협력한다. 과연 이 체계가 효율적인가에 대한 고민이 필요하다.
해군은 수중에 조난당했을 경우 구조할 수 있는 인력과 장비를 갖추고 있다. 해군은 SSU, UDT 등 수중 작전에 특화된 부대를 운영하고 있고, 청해진함 등 잠수 전용 함정도 갖추고 있다. 전문적인 훈련 시스템도 오랜 전통을 가지고 있다.

이런 국가 자원을 활용해야 한다. 전체적인 수색 구조 지휘권은 해경이 갖더라도 수중 수색 작전에 대한 지휘권은 해군이 맡아야 한다. 현장에서 수중 구조 계획을 짜고 실제 지휘할 수 있는 권한을 줄 필요가 있다.

수중 수색 구조 방법이나 한계 수심에 관한 사항도 개선이 필요하다. 현재 전적으로 현장 대원에게 맡겨져 있는 한계 수심을 명확히 해야 한다.

미국과 일본도 유사한 시스템을 갖추고 있다. 미국은 잠수를 통한 수중 구조를 해안경비대가 담당하지 않는다. 전문성을 갖춘 해군과 민간에게 맡기고 있다. 해양경비대 수면 수영자는 수중에 갇힌 사람을 밖으로 유도할 수 있지만, 선박 아래로 잠수해서는 안 된다.

일본 해상보안청의 사례도 참조할 만하다. 일본은 정해진 정예의 구조사가 정해진 수심까지만 임무를 수행한다. 함정에 근무하는 잠수사는 40미터 깊이까지, 항공대의 기동구난사는 8미터 깊이, 특수구난대는 60미터 깊이까지 잠수할 수 있도록 명시하고 있다.

수중 수색 구조 임무를 수행하는 해경, 해군, 민간은 전문성, 구조 장비 유형, 숙련도 등을 고려하여, 수중 수색 구조의 한계를 달리 명시해야 한다.

부록:
'세월호 참사 이후 보도'를 통해 본 재난 관련 보도의 현재

발제: 고명석 국민안전처 대변인
(前 세월호 범정부 사고대책본부 대변인)

본 발표 자료는 2015년 4월 13일 세월호 사고 1주년 때 방송기자연합회 주최로 열렸던 「'세월호 1년의 교훈' 재난방송보도를 위한 보도국 안에서의 실천과제」 세미나에서 필자가 발표했던 내용이다. 세월호 사고 당시 재난보도의 현실에 대해서 개인적 경험을 바탕으로 작성되었으며, 재난 현장에서 언론 행동과 언론의 역할에 대해 발표했었다.

1. 들어가며
2. 재난과 재난보도
3. 세월호 사고 시 재난보도 사례 -개인적 경험을 중심으로-
4. 세월호 사고 이후 재난보도의 현재
5. 바람직한 재난보도를 위한 제언
6. 마무리하며

1. 들어가며

지난해 발생했던 세월호 사고는 압축 성장의 문제들이 총체적으로 드러난 사건이었다. 안전 을 뒤로한 채 목전의 이익에만 급급했던 청해진 해운, 띄우지 말아야 할 세월호를 운항시킨 관리감독 기관, 탈출하라는 선내 방송 한 번 없이 세월호를 버린 선원들, 제대로 작동하지 않 은 국가 구조 시스템. 우리 사회의 모든 문제들이 한꺼번에 터져 나왔다. 사회 전반의 문제점이 극명하게 드러난 것 중에는 언론도 예외가 되지 못하였다.

4월 16일 '전원 구조' 오보, '사망자 보험금' 보도, 4월 16~17일 '사상 최대 구조 작전' 오보, 4월 18일 '민간 잠수부 홍 모 씨 인터뷰', '선체 진입 성공' 오보, '엉켜 있는 시신 다수 확인' 오보, 5월 이후 '구원파 수사에 매몰된 보도' 등 수없이 많은 오보와 왜곡 보도를 쏟아 냈다.

현장 기자들은 '기레기'로 지칭되며 유가족들에게 배척되었다. 언론사 간 취재 경쟁이 불붙으며 재난보도 원칙을 지키기는커녕 속보와 선정 보도 경쟁을 하는 듯했다. 국가적 대형 재난을 맞아 피해를 최소화하고 재난 복구를 지원해야 할 재난보도가 반대로 '보도 참사'를 가져온 것 이다. 일간지 칼럼은 이를 압축하고 있다.

세월호 취재 보도에서 한국 언론은 부끄러운 민낯을 드러냈다. 속보경쟁에 희생된 정확성, 피해자에 대한 배려 부족, 정부 발표와 취

재원에 대한 검증 소홀, 대형 재난에 대한 전문성 결여, 현장 기자와 본사 데스크의 불협, 각개약진에 따른 현장의 혼란… (2014. 9. 29. 동아일보 칼럼 中)

세월호 사고와 같은 대형 재난이 발생하면 평상시처럼 차분한 분위기에서 정확성을 우선하여 보도하기가 어렵다. 이런 보도 환경에서 언론사들은 보도의 정확성보다 신속성을 추구하게 된다. 피해자 중심의 인권 보호보다는 특종의 유혹에 사로잡히게 된다. 속보 경쟁이 벌어지면서 객관적 사실 확인도 소홀하게 된다.

그렇다면 삼풍백화점 붕괴, 성수대교 붕괴, 대구 상인동 가스 폭발 등 많은 대형 사고의 경험을 겪으면서도 왜 재난보도는 제자리걸음만 하고 있는 것일까? 우리나라 언론은 왜 과거보다도 더한 보도 참사를 가져왔는가? 향후에도 대형 사고가 발생한다면 우리 언론이 달라진 보도 행태를 보여 줄 수 있을 것인가? 무엇을 개선해야만 제대로 된 저널리즘으로 갈 수 있을 것인가?

위 질문에 대한 해답을 얻기 위해서는 선행적으로 고려해 볼 요소들이 많다. 본격적 논의에 앞서 우선 '재난'은 무엇을 의미하는지를 살펴야 한다. 우리나라에서 발생하는 모든 사고나 자연 재난을 지금 논의하는 재난 범주에 포함시킬 것인지, 인적·물적 피해를 기준으로 대규모의 재난만을 포함시킬 것인지 등에 대한 검토가 필요하다.

또한, 재난보도에 대한 이해가 선행되어야 한다. 재난보도는 무엇을 의미하는지, 재난보도가 갖는 일반적 보도와 다른 특성은 무엇인지, 재난보도에 대한 법적·제도적 근거는 있는지, 외국 사례는 어떤지 등에 대한 이해가 필요하다.

본 발표는 위와 같은 재난과 재난보도에 대한 기본적인 이해를 바탕으로 세월호 사고 시 나타났던 재난보도의 문제점을 개인적 경험을 중심으로 논의를 전개한다. 또한, 세월호 사고 이후 재난보도의 경향과 현재 진행형으로 여전히 해결되지 않고 있는 재난보도 문제점을 짚어 보고, 마지막으로 바람직한 재난보도를 위한 제언을 하고자 한다.

2. 재난과 재난보도

가. 재난

재난보도의 대상이 되는 "재난"이란 무엇인가? 재난의 사전적 의미는 '뜻밖에 일어난 재앙과 고난(표준국어대사전)'을 말한다. 다른 정의는 재난(disaster)을 '날씨 등의 천재지변 또는 인위적인 사고로 인한, 재산의 피해(위키백과)'라고 정의하고 있다.

「재난 및 안전관리 기본법」제3조에는 "재난"을 국민의 생명·신체·재산과 국가에 피해를 주거나 줄 수 있는 것으로서 자연 현상으로 인하여 발생하는 재해인 자연재난(예: 태풍, 홍수, 호우(豪雨), 강풍, 해일(海溢), 대설, 지진 등)과 인간의 사회 활동으로 인해 발생하는 사고인 사회재난(예: 화재·붕괴·폭발·교통사고·화생방사고·환경오염사고 등으로 인하여 발생하는 대통령령으로 정하는 규모 이상의 피해 등)을 규정하고 있다.

「자연재해대책법」제2조에서 "재해"를 「재난 및 안전관리 기본법」 제3조제1호에 따른 재난으로 인하여 발생하는 피해로 규정하고 있다.

위 개념들을 고려한다면 재난은 자연재해를 포함하는 개념으로 파악되며 일반적으로 '국민들에게 인적·정신적·물질적 고통을 발생시킬 수 있는 자연적·사회적 급격한 피해'라고 정의할 수 있을 것이다.

그러나 언론 보도와 관련하여 재난을 바라볼 경우 일반적인 정의와 달리 생각할 수 있을 것이다. 여기서는 재난보도의 대상으로서의 "재난"이 중요한 개념이 될 것이다. 재난보도의 대상인 재난도 위에서 검토한 재난의 범위와 크게 다르지 않다. 다만, 언론에서 중요하게 여기는 재난은 특성상 재난의 규모도 중요하지만 사회적 이목이 집중되는 여부에 따라 달라지게 된다. 세월호 사고의 경우에도 다수의 어린 학생들이 사고와 관련된 것이 알려지면서 사회적 파장이 증폭되었고 특히, 언론의 집중적인 조명을 받았다.

나. 재난보도(또는 재난방송)

재난보도의 개념을 명확히 정의하기는 어렵다. 매스컴 사전에는 "재난방송"을 '천재지변으로 인한 피해자의 생생한 상황을 신속히 보도하고 긴급구호운동을 촉진하는 방송'이라 정의하고 있다. 또한, 「방송통신발전 기본법」제40조 유추해석을 통하여 '재난이 발생하거나 발생할 우려가 있을 때 재난발생을 예방하거나 피해를 줄일 수 있는 내용의 보도'로 볼 수 있다.

위 두 가지 정의를 고려해 볼 때 "재난보도"는 단순히 현재 발생한 재난 상황을 보도하는 것만을 의미하지 않는다. 재난 상황을 미리 예보, 경보하거나 사후적으로 복구, 구조, 지원하는 일체의 보도를 포함한다고 보아야 한다. 재난보도의 대상이 되는 재난에도 과거에는 태풍, 홍수, 강풍, 해일, 지진 등 자연 현상에서 유래하는 자연재해가 주가 되었으나, 현재는 화재, 붕괴, 폭발, 환경오염, 통신, 의료, 가축병 등 사회적 재난이 점점 중요성을 더하고 있다.

자연재해의 경우는 일반적으로 예보, 경보를 통하여 예측이 가능하고 점진적으로 진행되기 때문에 이에 대한 보도를 준비할 수 있으며 충격이 완만하다. 그러나 사회재난은 대규모 인명 피해를 가져오는 반면 상대적으로 예측이 어렵고 갑자기 발생하기 때문에 이에 대한 재난보도도 혼란을 가져오기 쉽다.

다. 재난보도의 중요성과 특징

재난보도는 일반적으로 ① 재난 발생 사실과 피해 사항을 전달하고, ② 재난 피해를 최소화하며, ③ 재난 복구가 원활히 진행되도록 지원하고, ④ 2차적 재난 예방 및 대책을 모색하는 데 그 목적이 있다.

재난보도는 일반보도와 비교해 볼 때 몇 가지 특징을 가지고 있다.

첫째, 뉴스가치의 차이이다. 일반보도는 단순한 객관적 사실을 전달하지만, 재난보도는 재난의 피해자, 관련자의 생명과 재산에 관한 심각한 사실을 전달한다.

둘째, 파급성의 차이이다. 일반보도는 당해 보도와 이해관계가 있는 시청자 위주로 관심을 가진다. 반면 재난보도는 모든 국민이 관심을 가지며 파급효과가 크다.

셋째, 관점의 차이이다. 일반브도는 취재하는 언론이 관찰자의 시점으로 접근하지만, 재난보도는 피해자의 관점에서 피해자의 입장을 고려하여 취재에 임하여야 한다.

넷째, 강조점의 차이이다. 일반보도는 보도 내용에 있어 사실성, 흥미성이 중요시된다. 반면, 재난보도는 정확성, 계몽성이 중요시된다.

재난보도는 재난 피해자뿐만 아니라 전국민에게 미치는 파급성이 크므로 단순히 사실을 전달한다는 차원을 넘어 사후적인 영향까지도 고려해야 한다.

이와 같은 중요성에 비추어 「재난방송 및 민방위경보방송의 실시에 관한 기준」제4조에는 KBS를 재난방송 주관방송사로 지정하고 있다. 주관방송사는 책임 있는 재난방송을 실시하고 필요한 시스템을 갖추도록 하고 있으며, 재난방송 송출사의 준수 사항도 규정하고 있다.

2. 세월호 사고 시 재난보도 사례
  -개인적 경험을 중심으로-

가. 일반적으로 거론되는 재난보도 사례

1) '정확성'보다 '신속성'을 우선시하는 속보 경쟁

당시 재난보도에서 중요 요소인 정확성보다 경쟁사를 염두에 둔 속보 경쟁을 하면서 여러 가지 오보를 내보냈다. 4월 16일 '단원고 학생 전원 구조' 보도, 4월 18일 '선내 엉켜 있는 시신 다수 발견', '해경, 화물칸 진입 성공' 등이 대표적인 예다.

2) 재난 피해자를 고려치 않는 선정성 보도

재난 피해자에 대하여 아무런 배려 없이 과도한 선정성과 인권침해가 이루어진 보도가 많았다. 4월 16일 구조 작업이 한창인 가운데 내보낸 '보험금 보도', '생존자나 피해자에 대한 병실 방문 인터뷰' '구조된 6세 아이 인터뷰' 등이 이에 해당한다.

3) 믿거나 말거나 식의 허위·과장 보도

유사 내용의 반복 보도로 시청자가 지루해질 즈음 주목받는 뉴스를 내보내고 싶은 것은 큰 유혹일 것이다. 관계자나 현장에서 사실 확인 없이 파격적인 인터뷰를 내보냈던 '민간 잠수사 홍 모 씨' 인터뷰가 대표적 예다.

4) 권언유착에 따른 진실회피·왜곡형 보도

KBS 보도국장의 폭탄 발언, 대통령 진도체육관 방문 시 유가족 목소리에 대한 외면, 정몽준 의원 사죄 기자회견이나 안행부 사진 촬영 국장 파문 등 부적절한 처신을 한 공무원에 관한 방송을 자제한 사례들이 많다.

5) 문제의 핵심보다는 흥미유발·반복형 보도

재난 발생 초기에는 사고 원인이나 가해자 처벌보다 피해 정보, 안부 정보, 생활 정보 등이 필요하다. 당시 특보체제로 전환하였지만, 사고 장면만을 반복적으로 보여 주거나 불필요한 패널을 출연시켜 유사한 내용으로 시간 때우기 식으로 보도하였다.

특히, 일부 인터넷 언론은 수사가 시작되기도 전에 침몰 원인이 북한 소행일지 모른다는 추측 보도를 내보냈다. 또한, 5월 이후 사고 원인과 직접 연관성 없는 유병언 및 관련자 수사에 모든 언론이 집중하여 초점을 흐리고 흥미 위주로 보도하였다.

나. 세월호 사고 시 개인적 경험

1) 취재 활동 및 보도 관련

① 해명은 얼마든지 하라. 칼자루는 우리가 쥐고 있다.

언론의 사명은 실체적 진실을 밝히고 이를 국민에게 알리는 데 있다. 그러나 온 국민이 절망과 슬픔에 젖어 언론만을 바라보던 세월호 사고 초기. 밝혀진 객관적 사실에 대해서 알리지 않는다면 어떻게 되겠는가? 국민의 입장에서는 언론을 통해 인식된 사실만이 진실인 것이다. 필자가 사고 초기 일부 잘못 알려진 사실들에 대해 브리핑이나 해명 자료를 통해 객관적 사실을 전달하려고 노력하였다.

예컨대, 언딘[1]에 혜택을 주기 위해 사고 초기 해경에서 구조 세력을 막았다는 보도가 있었다. 객관적 사실은 첫날, 둘째 날은 대조기로 인한 조류와 바지선 등 잠수를 위한 시설이 전무하여 잠수구조 자체가 매우 위험한 상황이었다. 필자는 맹골수도의 조류나 수심에 따른 잠수의 위험에 대하여 언론에 설명하려 노력하였다.

필자가 진도에 있던 두 달여 기간 동안 범대본을 포함한 해경에서 99건의 해명 자료를 제출했으며, 수많은 백 브리핑에서 설명하였다. 이러한 노력에도 불구하고 4월 24일 모 언론사는 이를 두고 '해경청? 해명청!'이라는 제하 기사에서 해명자료가 많은 것을 비판하였다. 당시 분위기에서 대부분 언론은 해명에 귀를 기울이려 노력하지 않았고 객관적 사실을 알았다 하더라도 스스로 정정보도를 하려하지 않았다.

② 고명석 대변인, '정부는 수난 구조마저 민영화했다.'
필자는 4월 19일 브리핑에서 수중 수색구조 능력을 묻는 기자 질문에 대해 수중 수색은 잠수부의 경험과 장비 종류에 따라 달라지며, "수중에 있는 선체 수색이라든가 구난을 전문적으로 하는 것은 민간

---

1. 세월호 초기 구조 당시 바지선에서 해경, 해군과 함께 구조에 참여했던 민간 구난업체

전문 업체가 좀 더 능력이 있다고 보시면 되겠습니다."라고 답하였다. 이를 두고 일부 언론은 '정부가 수난 구조마저 민영화했다'는 보도를 여러 차례 내보냈다.

당시 기자의 질문은 잠수 능력에 관한 것이었다. 답변 취지도 민간이 구난, 즉 선체인양 등 심해 작업을 주로 하기 때문에 이런 잠수 능력에 있어 민간 업체가 나을 수 있다는 설명이었다. 민간에는 구조업체가 없다. 선박을 인양하는 구난 업체만 존재한다. 민간이 구조를 도울 수는 있어도 구조를 사업으로 하지는 못한다. 그것은 민간이 상시 임금을 지불하는 잠수부를 채용하여 언제 날지 모르는 사고에 대비하는 것은 비효율적이기 때문이다. 또한, 선박 인양으로는 높은 수익을 거둘 수 있으나, 급박한 상황에서 구조에 대한 비용을 청구하는 것은 불가능하거나 수지가 맞지 않는다.

하지만 구조와 구난의 업계 현실에 대해 설명하였음에도 많은 언론은 필자가 대변인으로서 '정부의 구조 민영화'를 인정하였다고 지속적으로 보도하였다. 일반 국민 입장에서 보도 내용만 반복적으로 접하면 정말 정부가 구조를 민간에 이양한 것처럼 받아들일 수도 있다.

③ 민간 잠수부, 투입하라는 거야? 말라는 거야?

사고 초기 민간인 잠수사 투입을 해경에서 막았다는 언론 보도가 나가면서 민간 잠수사 투입에 대한 언론 비판이 이어졌다. 필자에게도 수많은 기자들이 이에 대한 질문과 민간잠수사 투입을 요구했다. 민간 잠수사 투입을 안 하는 것은 해경이 언딘에 특혜를 주기 위한 것이라는 추측성 보도도 이어졌다. 다이빙 벨도 유사한 차원에서 언급되었다.

거친 맹골수도 조류와 제한된 시계를 고려한 민간 잠수사 개개인의 능력이나 자격 등은 전혀 문제 삼지 않았다. 사안에 대한 깊은 고민이나 검토는 없었다. 오로지 한쪽 방향으로 달려가는 여론과 요구를 따라 한목소리로 잠수사 투입을 요구하였다.

5월 6일. 민간 잠수사 모 씨가 수중 수색 중 사망하였다. 언론은 바로 태도를 바꾸었다. 자격도 없는 민간 잠수사를 투입한 해경을 비난하면서 현장 잠수사들의 자격에 대해 일제히 문제 삼았다. 투입 중인 잠수사들의 자격과 경력에 대한 관심이 높아졌고 자격 서류를 뒤늦게 요청하는 등 사고 초기와 정반대의 태도를 보였다. 당일 필자가 브리핑에서 동일한 사안에 대한 언론의 이중적 시각에 대해 현장 기자들에게 불만을 토로한 것이 기억난다.

당시 인터넷에 게재된 글이 일관성 없는 언론의 태도를 말해 준다.

사고 전: 수색 안 한 거냐 못 한 거냐? 수색대는 위험 무릅써야 되는 거 아니냐? 조류 탓 감압 탓 하지 말고 빨리 다 투입해서 작업해라. 민간 잠수부들 왜 돌려보내냐? 자격이 미달이라고? 한 명이라도 더 들어가야지! 하여튼 정부는···.
사고 후: 왜 위험하게 작업했냐? 왜 급하게 했냐 왜 투입시켰냐? 하여튼 정부는···.

④ 팽목항과 진도체육관은 인터넷 방송의 성지인가?

최근 언론 환경은 인터넷 언론사가 증가하였고, 특히 단순한 장비만 있으면 중계가 가능한 인터넷 실시간 방송이 급격히 증가하였다. 이러한 실시간 방송 형태는 세월호 사고 당시에도 나타났다.

문제는 국민의 알권리를 앞세운 취재 기자가 취재원의 동의 없이 실시간 중계하는 모습이 곳곳에서 이루어졌다는 데 있다. 개인의 얼굴이 그대로 방영되는 영상을 취재하는 경우는 최소한 상대방의 동의를 얻어야 하는 것은 상식이다.

당시의 팽목항과 진도체육관은 오롯이 삶의 현장이었다. 그곳에서 숙식을 해결하고 생활의 전부를 이어 가던 터전이었다. 이런 곳에서 동의 없이 카메라를 다반사로 들이댔다. 특히, 세월호 가족들과 정부 관계자가 격앙된 목소리로 몸싸움을 하는 모습을 장시간 방영하거나 거의 정신을 잃고 오열하는 모습 등을 여과 없이 방송하기도 하였다.

필자도 브리핑을 마친 뒤에 동의 없이 카메라를 들이대는 인터넷 기자들과 진도군청 복도에서 여러 번 실랑이를 한 기억이 난다. 국민의 알권리라는 명분이면 기본적 취재 윤리도 무시해도 좋은가? 현장 실시간 방송의 한계는 어디까지인가? 누구도 제지하지 않는 혼란스러운 현장에서 언론 스스로가 자제하지 않는다면 개선의 여지는 없어 보인다.

⑤ 취재한 것과 방송되는 것이 다르네?

사건 사고 기자가 아닌 기획 프로그램 프로듀서가 찾아왔다. 필자는 바쁜 와중에도 기획 프로그램 취재에 응해 주었으나 영상 촬영과 녹음을 허가하지 않았었다. 그런데 인터뷰 처음부터 카메라 기자가 들어왔고 촬영에 대한 거부 의사를 분명히 하였다. 실제 방송은 무릎 아래를 계속 촬영한 영상과 필자의 목소리도 변조하지 않은 채 보도되었다. 취재 과정에서 프로듀서가 이해를 구하고 설명하는 내용과 실제 방영되는 내용이 달라질 때 취재원이 이를 어떻게 막을 수 있는가?

또한, 진도 해상교통센터(VTS) 녹음 파일 관련하여 사실과 다른 내용을 방영한 동 프로그램에 대하여 정정보도를 요구하였다. 담당 프로듀서는 필자가 명확한 증거를 제시하며 정정을 요구하자 프로그램 방영 시간을 내세우며 정정보도를 거부하였으며 결국 취재한 대로 방영되었다. 당시 필자가 겪은 비슷한 유사 사례는 상당히 많다.

⑥ 취재 없는 보도, 반성 없는 언론, 결국 언론중재위 제소까지
세월호 관련 뉴스가 잠잠해진 5월 중순. 최초 현장에 도착한 해경 헬기 조종사 및 구조대원이 목숨이 위험할 것 같아 배 안으로 들어가지 않았고, 이로 인해 이들이 검경합수부 조사를 받았다는 모 언론사 보도가 있었다.

취재 과정을 통한 사실 확인을 생략하고 전언을 믿고 쓴 오보였다. 목포항공대 조종사와 구조대원은 즉시 이의를 제기하고 정정보도를 요청하였다. 해당 보도는 현장에서 목숨을 걸고 구조 임무를 수행했던 당사자들에게는 치명적으로 명예를 실추시키고 사기를 떨어뜨리

는 내용이었다.

당사자의 강력한 항의와 명예훼손에 의한 고소 가능성을 제기하였음에도 해당 언론사는 당사자가 원하는 수준의 반성이나 정정보도를 하지 않았다.

결국 원만한 해결이 이루어지지 못하고 해경과 당사자는 언론중재위원회에 제소하는 한편, 명예훼손으로 언론사를 고소하는 지경에 이르렀다. 특종을 잡으려는 성급함이 부른 결과였다.

2) 데스크 관련

① 데스크와 현장 기자들은 다른 회사 사람들인가?
   (데스크와 현장 기자의 불협)
사고 초기 혼돈스러운 현장 취재 분위기가 어느 정도 가라앉은 5월. 초기에 '해경이 민간 잠수사 투입을 방해했다.' '해경이 구조에 늑장을 부린다.' '정부가 구조를 서두르지 않는다.'라며 비판적이던 현장 취재 기자들도 태도가 조금은 바뀌었다. 사고 현장인 바지선에 다녀오면서 조류 3노트, 수중 시계 30cm, 수심 48m의 의미를 어렴풋이 알게 되었다. 필자는 그 바다가 얼마나 위험한지를 "진도대교 아래 울돌목 물소리를 들어 보고 물안경을 사서 그 바닷속을 직접 들여다봐라"라고 설명하였다.

그러나 의도적인 구조 방해나 늑장 구조 보도는 지속되었다. 현장 기자들은 이해하였다. 공기줄만을 의지한 채 칠흑 같은 심해 속을 수직으로 잠수하는 현장을, 희생자 수습 소식에 한달음 부두로 달려가는 실종자 가족을, 진도 읍내를 무겁게 짓누르는 공기의 음산한 분위기를….

그러나 현장과 데스크의 온도 차이는 컸다. 이미 계획된 데스크의 보도 방향에 현장 기자들의 목소리는 묻혔다. 현장에 오래 머물러서 현장을 이해하던 몇몇 기자들에게 의도적인 구조 방해나 늑장 구조가 아님을 설명하였으나 데스크의 분위기는 여전하다는 대답만이 돌아왔다. 현장에서 일어나는 객관적 사실을 이해했음에도 데스크에 반영하는 것은 쉽지 않았고 양자의 간극을 메우는 것은 요원해 보였다. 필자가 직접 접하고 이해를 구할 수 있는 이는 현장 기자들뿐이었다. 데스크와 현장 기자들은 동일한 사안을 각자 다르게 이해하는 다른 회사 사람들인가?

② 결론 내린 대로 취재해! (데스크의 경직성)
진도군청 사고대책본부 브리핑실에는 100명 가량의 현장 기자들이 북적댔다. 팽목항과 진도체육관에도 수많은 기자들이 취재에 열중이었다. 그 많은 기자들이 매일매일 취재하는 내용은 무엇인가? 데스크에서 요청한 것들이었다. 데스크에서 내려진 결론을 가지고 내용을 끼워 맞추는 것이다.

특히, 초기 고참 기자들이 현장을 떠나고 신입 기자들이 대치되면서 이런 현상은 더욱 심해졌다. 현장에서 사안에 대해 고민하며 보도 내용을 찾거나 기획보도를 하는 경우는 드물었다. 그것이 무엇이든 그날 취재할 것을 반드시 해야만 하는 현장 기자들은 필자에게 "묻는 것만 대답하라. 긴 설명은 필요 없다." "이것만은 꼭 데스크에 보고해야 한다."라고 보채기 일쑤였다.

현장 취재 과정에서 데스크의 결론과 다른 객관적 사실을 발견하는 경우는 허다하다. 그럼에도 데스크에서 내려진 결론을 현장에서 확인하는 것이 취재 기자의 유일한 역할인 듯했다. 현장 기자들에게 주어지는 보도의 몫은 아예 없는 것인가?

③ 이런 분위기에서 나 혼자 말할 수 없다. 차라리 입 다물겠다.
  (대세 따라가기)
들끓는 여론과 확인된 실체적 진실 사이에서 보도 여부를 결정해야 하는 것이 데스크의 또 다른 고민일 것이다. 객관적 사실을 보도하는 것이 언론의 사명이지만 이것이 힘들 때가 많다. 특히, 세월호 사고같이 국민 정서가 들끓고 희생양이 확실하게 결정된 국면에서는 더욱 그렇다.

"아닌 것은 아니다."라고 말하기보다 차라리 입을 닫고 있는 경우가 많았다. 국민의 정서를 고려하고 여론의 향방을 살펴야 하기 때문이다. 특히, 이미 희생양이 되어 버린 해경에 관한 사항에 대해서는 더했다. 그 대신 국민들의 흥미를 끌 수 있고 언론사에도 부담이 없는 유병언 일가의 수사에 보도를 집중했다.

3) 현장 취재기자 관련[2]

① 여기는 전쟁터, 빨리빨리, 기발하게 (지나친 속보 경쟁·특종 경쟁)

수많은 언론사에서 수많은 기자가 현장으로 왔다. 기자들은 국민의 알권리를 수시로 주장했다. 그리고 속보 경쟁이 시작되었다. 어수선한 현장에서 취재를 지원·관리할 사람도 여력도 없었다. 이미 잘 알려진 구조 인원 오보나 사상 최대 구조 작전 오보 외에도 속보 경쟁이 낳은 부작용은 많다.

매일 2회 바지선으로 잠수부 식사를 실어 나르는 해경정(우리는 "밥배"라 불렀다)에 태워 달라는 기자들의 요청이 쇄도했다. 가족들을 태우고 구조 현장에 가는 어선에 가족으로 위장하여 잠입했다가 들키기도 하였다. 어떻게 했는지는 모르지만 작업 바지선 위의 대화 내용을 몰래 녹음하여 오기도 했다.

한번은 풀 구성을 하여 필자가 기자들과 바지선에 들어갔다. 배로 이동하는 동안 구조에 방해를 해서는 안 되며 작업 중인 잠수사 안전상 필자의 현장 통제에 따라 주도록 당부했다. 그런데 바지 도착 얼마 후 마침 희생자 3명이 수습되어 올라왔다. 필자는 희생자 수습 장면 촬영을 통제했고 다른 쪽으로 이동할 것을 요구하였으나, 막무가내로 취재 자유만 주장하였다.

---

2. 진도군청 범대본 브리핑은 초기에는 매일 2회 실시하였으며, 각 언론사 경력 기자가 이끄는 특별취재팀이 상주하였다. 사고 한 달 후 특별취재팀이 대부분 철수하고 신입기자들이 1주일 정도 주기로 교대하는 방식으로 바뀌었다. 사고 두 달 후 필자가 떠날 때에는 상주하는 기자는 없었으며, 브리핑이 공지되면 기자들이 브리핑실을 찾았다. 공식적인 통계는 없으나 당시 진도를 방문했던 기자 수는 족히 수백 명은 넘었던 것으로 기억된다.

지나친 속보 경쟁은 필자를 무척이나 힘들게 하였다. 희생자들이 하루에도 몇십명 씩 수습되던 초기. 매일 새벽 5시면 어김없이 희생자 수습 현황을 묻는 기자 전화에 여관방에서의 쪽잠을 깨곤 했다. 희생자의 실명을 집요하게 묻는 것은 애교에 속했다. 정부 공식 희생자 숫자가 발표되기 전에 팽목항으로 희생자가 들어오는 것을 멀리서 취재하여 숫자를 보도하는 것이 다반사였다.

② 그들에겐 미안하지만 취재가 우선
 (피해자나 취재원에 대한 배려 부족)
세월호 현장은 팽목항에서 배로 1시간 거리였다. 일부 언론사는 아예 민간 선박을 임차하여 구조 현장을 맴돌면서 취재했다. 기회가 있을 때마다 현장에 가까이 접근하려 하였다. 바지선 주위를 수색하는 많은 구조 보트에 방해가 될 수도 있었다. 바지선에 풀단이 들어가는 경우에도 잠수사들이 쉬고 있는 방이나 구조 장비가 있는 컨테이너에 예고 없이 출입하여 구조 작업에 지장을 초래하였다.

희생자가 팽목항으로 들어오는 경우에는 어김없이 수습된 희생자의 복장, 소지한 물건, 특이사항을 묻는 전화가 쇄도하였다. 유가족들이 일일이 확인하기 때문에 희생자의 특징을 보도할 필요도 없고, 보도해서도 안 되는 것들이다. 또한 초기 무질서한 시신 촬영이 문제되었다. 이에 경비정이 들어오는 팽목항에 보도선을 설치하고 부두에 설치한 텐트 안에서 시신을 구급차에 실었다. 근접 촬영이 어려워지자 급기야는 팽목항 뒷산에 올라 시신을 촬영하기도 하였다.

취재 과정에서도 의욕이 앞서 필자를 죄인 취급하듯이 취조식으로 질문하는 경우도 있었고, 사고 초기 세월호 인양과 관련된 답변("구조가 우선이고, 인양은 검토하고 있지 않다.")을 수차례 했음에도 인양에 대한 집요한 질문을 통해 필자의 실수를 이끌어 내려는 시도가 지속되었다.

③ 각자의 방식대로, 내가 편한 대로 (현장 취재 시스템과 룰의 부재)
초기 혼란스러운 며칠은 예외로 하더라도 기자 간사단은 거의 운영되지 못했다. 간사단이 없으니 취재와 관련된 언론사 간의 견을 모으거나 대변인실과 협의할 수 있는 채널이 없었다. 수많은 언론들은 각자의 방식대로 편한대로 취재하고 질문하고 요구하였다. 바지선에 풀단을 구성해 들어가거나 필요한 취재 지원을 하는 데 있어 개별 기자들의 요구는 넘쳐 나는데 통일된 취재 요청이 이루어지기 힘들었다.

브리핑 시에도 기본적인 에티켓이 지켜지지 않는 경우가 많았다. 브리핑 시간에 설명을 충분히 했는데도 복도에서 카메라를 들이대기도 했다. 현황 자료를 요청해 놓고 다음 브리핑에 나오지 않고 며칠 후에 나타나서 답변 요구하는 경우도 있었다. 언론사 간 요구 사항이 달라 브리핑 시간에 기자 간 언성을 높이는 경우도 있었다.

④ 대변인님, 세월호는 어떻게 생겼어요? (전문성의 부재)
갑작스럽게 발생한 사고이므로 투입된 기자가 미처 공부할 시간이 없어 현장에 대한 이해도가 낮을 수는 있다. 그러나 사고

발생 후 몇 주가 경과한 시점에서도 새로 투입되는 기자들의 현장에 대한 이해도는 낮았다. 세월호는 우현(배 우측면)이 수면 방향으로 90도 누운 상태로 우현은 수심이 25m, 좌현은 48m 정도 해저에 가라앉아 있었다. 잠수는 우현에서 좌현 쪽으로 수직 방향으로 진행되었다. 모든 국민이 알고 있는 사실이었다. 하지만 현장을 새로 찾는 기자들이 대부분 필자에게 이렇게 질문하였다. "세월호는 어떻게 생겼어요?" "세월호는 어떤 상태예요?"

맹골수도의 조류, 시계, 수심에 대해서도 많은 설명을 하였다. 필자는 기자들을 이해시키기 위해 "그 바다의 조류는 사람을 연 날리듯 날리고, 그 바다의 시계는 잠수사가 자기 팔을 뻗었을 때 손을 볼 수 없을 정도다."라고 설명하였다. 하지만 그때뿐이었다. 또 새로운 기자가 몰려오고 있었다.

투입되는 구조 장비인 무인원격 조종장치(ROV), 소나, 다이빙 벨, 표면공급식 잠수 장비 등을 이해시키는 데도 어려움이 많았다. 사실 한 시간 정도만 인터넷을 찾아도 웬만한 잠수 방법이나 구조 장비에 대해서 알 수 있다. 이런 상황에서 필자는 기초적이고 동일한 설명을 수백 번 반복해야만 했다.

4. 세월호 사고 이후 재난보도의 현재

가. 세월호 이후의 반성과 노력

1) 재난보도 준칙 제정

세월호 보도 참사 이후 이에 대한 반성과 자정의 노력이 있었다. 2014년 4월 기자협회는 세월호 사고와 관련한 10개항의 가이드라인을 발표하였다. 다만, 그 내용은 세월호 사고 취재에 적용될 단순한 내용이었다.

그 후 지난해 9월 16일 5개 언론 단체 공동으로 '재난보도 준칙'을 만들었다. 동 준칙은 일부 언론사가 내규로 규정하고 있는 과거의 추상적인 방송 가이드라인에서 벗어났다는 데 의의가 있다.
준칙은 적용되는 대상 재난에 대하여 상세하게 규정한 후, 취재와 보도에서 일반 준칙, 피해자 인권 보호, 현장 취재협의체 운영 등 현장 취재에 필요한 사항을 구체적으로 정하고 있어 실천력을 담보하고 있다. 뉴욕타임스, BBC, NHK 등 선진 언론 수준에는 이르지 못했더라도 재난보도에 있어 진일보한 결과물이라 하겠다.

2) 언론사의 재난 정보 공유 노력

재난보도 주관사인 KBS를 비롯하여, 연합뉴스, YTN 등 뉴스 채널은 재난 정보 수집을 위한 노력을 경주하고 있다. 특히, 국민안전처 신설 이후 재난 정보를 수집하고 가공하여 시청자에게 제공하려는 시도들이 많다. 예컨대, 지난 3월 국회 안전혁신특위-국민안전처-

KBS 간 3자가 맺은 재난 안전 관련 MOU는 이런 노력의 일환이다.

3) 재난 안전에 대한 언론사의 관심 증가

세월호 사고 이후 각 언론사는 재난 안전에 대한 관심도가 증대되었다. TV, 신문, 인터넷 등 다양한 매체를 통하여 안전 관련 캠페인을 진행하였다. 특히, 방송 매체를 통하여 안전 관련 공익 광고를 대폭 증가시키고, 정부 부처에 협조하여 관련 동영상을 빈번히 송출하고 있다.

이 외에도 안전과 관련된 토론회, 세미나, 포럼 등을 주최하여 국민들에게 안전 의식을 높이고 사고 시 실제 도움이 되는 현장 행동 요령을 홍보하는 등 언론사들의 안전 노력이 눈에 띄게 증가된 것은 고무적인 일이다.

나. 유가족·실종자 가족 관련, 진상규명 관련 보도경향

1) 판교 사고 보도에 세월호 유족 우회 비난

모 언론사는 지난해 10월 20일 판교 사고 유가족이 보상안에 합의했다고 보도했다. 판교 사고 나흘 후였다. 문제는 이 보도가 겉으로는 판교 사고 보상 합의 내용을 전달하면서, 전체적인 초점을 세월호 유가족을 폄훼하는 데 맞추었다는 것이다. 앵커는 신속한 합의가 가능했던 데는 유가족의 양보가 있었다고 하면서 사고 6개월이 지나도 보상 문제 접근조차 못 한 세월호 경우와 대조적이라고 비꼬았다.

이 보도에서 세월호 문제의 합의가 보상 문제가 아니라 진상규명의 문제라는 것을 알면서도 다른 사고의 별개 이슈를 억지로 같은 선상에 놓고 비교함으로써 세월호 유가족의 순수한 뜻을 깎아내린 것이다.

2) 단원고생 특례입학과 관련된 왜곡 보도
모 언론사는 금년 1월 6일 세월호 특별법 마련에 여야가 최종 합의했다고 보도했다. 보도 내용 중 단원고 학생 대입 특례 합의 사항을 보도하면서 피해 가족 등의 여론을 수렴한 야당의 요구가 수용된 것으로 방영하였다.

세월호 사고 관련 법안 중 피해 학생의 대입 특례를 담은 총 4개(정진후 의원, 김명연 의원, 유은혜 의원, 전해철 의원)였는데, 이 중 어떤 안도 피해 가족들의 요구로 이루어지지 않았다. 유가족들이 요구한 사항은 배·보상이 아니라 진상규명 및 재발 방지 대책 마련이었다.

동 언론사는 지난해 7월 15일 단원고 3학년 대학 특례입학 보도에서 '단원고'와 '특례입학'을 강조하였고, '강제성이 없이 대학 자율에 맡기기로 했다.'라는 사실은 전달하지 않았다. 이 같은 보도는 세월호 유가족에 대한 국민들의 왜곡된 인식을 조장하고 특별법의 의미를 퇴색시키는 행태라 비판할 수 있다.

3) 세월호 진상규명 관련 보도
지난해 6월 2일부터 90일간 세월호 참사 진상규명을 위한 국조특위가 열렸다. 6월 30일부터 7월 11일까지 기관 보고가 진행되었는데 진상규명의 핵심인 이 기간 동안 주요 지상파는 4~10건을 보도하는 데 그쳤다. 또한, 일부 방송은 진상규명보다는 유병언 일가 관련 선정적 보도에 집중하여 문제의 핵심과 관련 없는 유대균과 신도의 도피 행각을 지나치게 부각시켰다. 세월호 업무용 노트북에서 발견된 '국정원 지적 사항' 문건에 대한 보도는 거의 묻혀서 유가족의 진실 규명 노력에 역행하였다.

다. 기타 현재도 지속되는 재난보도의 문제점

1) 여전한 조급함, 속보 경쟁

재난 현장 보도에 있어 언론사 간 경쟁심리에 기초한 속보 경쟁은 여전하다. 또한, 자극적인 장면에 대한 선호도 크게 개선되지 않았다. 재난보도에 있어 속보 경쟁은 오보를 낳는다. 자극 적인 장면은 시청률은 오를 수 있을지 몰라도 국민에게 불안감을 준다.

예컨대, 지난 1월 10일 의정부 화재 사고 시 일부 방송에서 화재 진압이 완료된 한참 후까지 불타는 화재 장면을 반복적 방영하여 국민들에게 화재가 계속되는 것으로 오해하게 하였다. 또한, 3월 25일 용인 도로붕괴 사고 시 매몰자·사상자 수에 추측성 속보 경쟁으로 오보가 속출되었다. 사상자의 수는 일분일초를 다투는 급한 보도 내용이 아니며, 정확한 보도가 중요하다. 오보가 났을 때 미치는 영향은 심각하다. 기다림의 미학이 필요하다.

2) 보도 자료에 지나치게 의존

세월호 사고 시 정부 발표를 검증 없이 보도했던 문제가 있었지만 아직도 크게 개선되지 않았다. 직접 취재보다는 출입처의 보도 자료에 의존하는 경향이 있다. 이 경우 오보가 발생하면 보도 자료를 낸 출입처에 책임을 전가할 수 있어 기자의 입장에서는 위험성이 덜하고 편하다. 그러나 차별화된 보도는 보기 힘들고 천편일률적인 내용이 동시에 보도된다.

기자 본연의 일은 취재 활동이다. 재난보도는 이미 작성된 정보의 전달 과정이 아니라 그 정 보를 기초로 기자가 취재한 결과물이 되어야 한다.

3) 전문성, 전문 기자의 부족
순환보직으로 인해 재난 현장에 경험이 많거나 재난을 전문적으로 연구하는 기자는 드물다. 재난보도의 특성을 연구하고 재난보도의 경험을 축적하려는 노력이 부족하다.

재난 현장을 취재할 때 참고할 수 있는 상세한 매뉴얼이나 준칙도 미비하다. 언론사별로 재난 관련 규정이 있긴 하지만 지나치게 추상적이고 이마저도 현장 기자들은 잘 알지 못하고 지켜지지 않는다.

4) 시청률·상업주의
언론사가 시청률에 민감한 것은 어느 정도 당연한 것이라 할지라도 재난보도에 있어서는 개 선이 필요하다. 사상자가 속출하는 재해나 사고에 있어서는 시청률보다 정확한 재난 정보를 제공하고 피해

확산을 방지하는 공익적 측면이 우선되어야 한다. 하지만, 보도 현실은 다르다. 시청률을 올리기 위한 속보 경쟁과 선정적인 보도가 많은 것이 현실이다.

5. 바람직한 재난보도를 위한 제언

 필자는 사실 언론에 관해서 초심자이다. 재난보도에 관해서도 마찬가지이다. 사고 다음 날인 4월 17일부터 6월 22일까지 66일을 진도에 머물면서 범대본 대변인직을 수행했다. 그런데, 대언론 업무를 주 업무로 해 본 것은 그 4월 17일이 내 생애 처음이었다. 언론사나 언론 환경에 대한 이해도가 깊은 것도 아니다. 이런 필자가 바람직한 재난보도에 대한 제언을 한다는 것은 어불성설로 보인다. 다만, 세월호 사고 대변인과 국민안전처 대변인직을 수행하면서 '재난보도에 있어 우리 언론이 이런 방향으로 개선되었으면 좋겠다'는 몇 가지 바람을 조심스럽게 제시해 보고자 한다.

 1) 재난보도 시각의 변화 필요
 재난보도에 있어 언론이 가져야 할 시각의 변화가 필요하다.
 먼저, 재난보도가 가지는 본래 목적에 충실해야 한다. 재난보도는 시청률을 고려한 상업성보다 국민 전체를 고려한 공공성을 추구해야 한다. 특히, 대규모 재난에 있어 당해 보도가 국가적으로 이익이 되는지, 국민에게 유익한 보도가 되는지가 먼저 고려돼야 한다. 재난보도만큼은 언론사 내부적인 이익을 먼저 생각하는 시각을 지양해야 한다.

또한, 재난이 발생한 당시의 단발성·소나기성 보도에서 벗어나야 한다. 재난의 근본적인 원인과 대책에 대해 장기적으로 파헤쳐 알리고 사후 개선 과정도 지속적으로 추적하는 중장기적인 시각이 필요하다.

나아가, 사안에 대해 비판적 시각을 가지는 것은 당연하지만, 혼란스러운 재난 초기에는 수습·복구에 도움을 주는 역할도 중요하다. 예컨대, 구조 전문가나 구조 장비를 기획 취재하여 구조에 도움을 줄 수도 있을 것이다. 재난을 수습하는 정부나 구조 주체를 무조건 비판하여 사회적 갈등 조장하기보다는 피해자, 정부, 일반 국민 간의 사회 통합을 지향해야 한다.

2) 사기를 올리는 언론의 역할 정립
재난이 닥치면 많은 국민들이 슬픔에 빠지고 사회적으로 분위기가 침체된다. 이 시기에 사고 현장과 피해 상황만을 반복적으로 보도하기보다는 전체 국민들의 사기를 올릴 수 있는 역할이 필요하다. 비극적인 상황에서 자기희생을 보여 준 공무원이나 시민을 적극 발굴, 보도해야 한다.

평시에도 재난과 관련하여 사기를 올릴 수 있는 기획 취재나 외국의 사례 등을 보도하여 일반 국민들이 함께할 수 있는 재난 프로그램의 기획, 편성이 필요하다.

3) 교육 및 매뉴얼 정비

재난보도는 일반보도와는 다르기 때문에 재난 현장 취재를 위한 기본 교육이 필요하다. 어디까지 접근할 수 있는지? 피해자 인터뷰 등 피해야 될 것들은 무엇인지? 무엇을 중점적으로 취재할 것인지? 구조에 방해를 주지 않는 취재 방법은 어떤 것인지? 현장에 투입되는 기자가 알아야 할 것들은 많다.

매뉴얼은 구체적이고 실천 가능하게 만들어야 한다. 현장에서 피해야 할 것들과 실천해야 할 것들은 신입 기자가 봐도 알기 쉽게 만들어야 한다. 다만, 매뉴얼은 현장에서 실행에 옮겨지지 않으면 소용없다. 위반 시 내부 제재 등 실천을 위한 언론사의 의지가 필요하다.

4) 재난 관련 전문성, 책임성 강화

전문성과 관련하여 우선 취재의 전문성 확보가 시급하다. 재난 전문 기자나 취재 팀을 상시 운영하면서 재난보도에 대한 노하우를 축적할 필요가 있다. 또한, 일회성 발표나 보도에 초점을 두지 말고 기획 취재나 다큐멘터리 등 깊이 있는 보도가 필요하다.

또한, 재난 관련 전문가 그룹 확보가 필요하다. 재난 발생 시마다 아마추어를 패널로 급히 출연시켜 시청자에게 잘못된 정보를 제공하는 경우는 허다하다. 평소에 재난 관련 전문가 그룹을 확보하여 재난 관련 기자 교육은 물론 필요시 패널로 활용할 필요가 있다.

5) 현장에서 보완 사항

재난 현장에서 취재 시스템 마련이 절실하다. 구조에 방해를 주지 않으면서 효율적으로 취재 활동을 하려면 합동 취재단 구성이나 협의회를 만들어야 한다. 현장은 혼란스럽다. 인명 피해가 속출하는 현장 접근은 취재 기자 수를 최소화할 필요가 있다.

재난 시를 대비하여 평소 언론 관련 협회를 통해 취재단 구성이나 기자협의회를 구성해 놓고 교육까지 할 수 있으면 좋을 것이다.

6. 마무리하며

지금까지 재난보도에 관한 기본적 이해와 필자의 개인적 경험을 위주로 우리나라 재난보도 문제점과 대책을 제시해 보았다. 앞서 보았듯이 재난보도에 있어 많은 문제점이 있다. 상업성을 우선시하는 언론사 사주와 간부, 경직된 데스크, 취재 경쟁에 몰입된 현장 기자들….

그렇다면 이런 언론 환경에서 바람직한 재난보도에 대한 희망은 아예 없는 것인가? 재난 피해를 최소화하고 복구를 지원하고 국민들에게 사기를 주며 국가적 이익에 도움을 주는 재난보도는 요원한 것인가?

필자는 "그렇지 않다."라고 대답하고 싶다. 언론을 운영하고 보도를 만들어 가는 것은 결국언 론인이다. 사실상 모든 것이 사람의 문제인 것이다.

진도에서 필자가 겪어 본 기자들. 그들에게서 빛을 발견할 수 있었다. 재난을 내 일처럼 생각하고 그 속에서 피해자의 아픔을 가슴으로 함께 느끼는 기자들이 있는 한 미래가 보인다. 이들이 언론의 내일이며 희망이라고 말하고 싶다.

오열하는 가족들과 아픔을 같이하며 취재와 숙식을 같이 하던 그 기자들…

장기간 취재로 가슴에서 털어 내지 못한 아픔을 씻으려 심리 치료를 떠나던 그 기자들…

재난 현장인 진도를 떠나는 것이 못내 미안해 다시 취재하러 돌아온다고 약속하며 손을 잡던 그 기자들…

치열한 취재 활동 중에는 여러 날을 필자와 언쟁했지만, 격려와 에너지를 가득 담아 주고 떠나던 그 기자들…